불편하지만
따뜻한
회생·파산 이야기

불편하지만
따뜻한
회생·파산 이야기

배운기 지음

현장에서 바라본
회생·파산 업무의
두 얼굴

루아크
RUACH

불편하지만 따뜻한
누군가의 이야기들

자본주의적 삶을 잘 살아간다는 것은 무엇을 의미할까? 세상이 원하는 만큼 공부하고 노력한 다음 그 능력을 바탕으로 밥벌이하는 삶을 말할까? 언뜻 평범해 보이는 말이지만, 이렇게 사는 게 결코 쉽지 않다는 것을 우리는 잘 알고 있다. 원하는 걸 이루지 못한 채 '실패'를 거듭하는 게 우리 삶의 여정이기 때문이다. 합리성과 효율성을 전제로 한 과도한 경쟁과 성공 논리가 공동체의 온정을 빼앗아간 지 오래다. 승자독식이 일상화된 사회에서 공존공생은 헛된 구호가, 패자부활은 비난의 대상이 되어버렸다. 사회의 경쟁 논리와 경제적 효율성이라는 정의가 이제는 재구성되어야 할 때다.

'전화위복轉禍爲福'이나 '새옹지마塞翁之馬'는 그 뜻을 뒤집어보면 인간의 삶 속에 행복과 불행, 즐거움과 고통이 함께 있다는 의미다. 그런데 개개인의 삶에서 이 네 가지는 늘 균형을 잃는다. 평범한 개인의 삶은 불행 속에 어쩌다 행복이 존재하는 서사구조인 듯하다.

불행 속에 행복이 존재하는 서사구조. 그 대표 사례가 바로 회생·파산제도가 아닐까 한다. 많은 이가 이 제도를 통해 한 줄기 빛을 발견하고 새로운 삶을 시작했다. 한계채무자가 경제적 일상으로 복귀할 수 있도록 돕는 것, 이것이 회생·파산제도의 진정한 존재 의의다. 곧 회생·파산제도는 단순히 채무를 탕감해주는 제도가 아니라, 한계채무자에게 새출발 기회를 제공하는 데 그 목적이 있는 것이다. 사회경제적 상황 변화에 예민한 채무자들에게는 사회의 관용에 따른 '디폴트 세팅'이 필요한데, 한계채무자가 자본주의적 삶의 기본값을 다시 가질 수 있게 해주는 선순환 작용이 회생·파산제도의 역할이다.

경제적 한계 상황에 처한 이들을 실패자라 규정하고 도덕적으로 비난하는 것은 강한 바람으로 나그네의 옷을 억지로 벗기려 하는 것과 같다. 다정한 손길로 그들을 보듬음으로써 스스로 갱생 의지를 갖게 하는 것은 따뜻한 햇볕 아래에서 스스로 옷을 벗게 하는 것과 같지 않을까.

　이 글들은 회생·파산 업무 현장에서 보고 듣고 느낀 것을 발품 팔아 기록한 것이다. 업무 담당자들이 느끼는 불편함과 고뇌, 채무자들의 고통과 희망, 채권자들의 불만과 억울함을 있는 그대로 전하려 했다. 더 나아가 사회적 약자들을 위한 참된 정치가 이뤄지고 선한 정책이 만들어지기 바라는 간절한 마음까지 담았다.

　파커 J. 파머는《비통한 자들을 위한 정치학》에서 참된 정치의 필요성에 대해 이렇게 말한다.

　　정치라는 것이 모든 사람을 위한 연민과 정의의 직물을 짜는 것이라는 점을 잊어버릴 때, 우리 가운데 가장 취약한 이들이 맨 먼저 고통을 받는다.

　머리보다 가슴에 먼저 와 닿는 문장이다. 이때의 정치는 시민을 돌보기 위해 존재하는 연민의 도구이자 정의의 선언이었다. 모름지기 시민이 국가와 법제도를 위해 존재하지 않고, 국가와 법제도가 시민을 위해 존재한다는 것은 불변의 진리다. 가장 기본이 되는 이 명제에 온전한 진실을 부여하지 못하는 사회는 비정하다. 우리가 어떤 사회에 살고 있는지 이 책을 통해 되돌아볼 수 있다면 더 바랄 게 없겠다.

부족한 글인데도 흔쾌히 출간을 허락해준 루아크 천경호 대표께 깊은 감사를 드린다. 글감을 제공해준 서울회생법원 가족과 익명의 민원인들에게도 고맙다는 인사를 전한다. 삶의 전부이자 영감의 원천인 가족에게 무한한 사랑과 감사를 보낸다.

2024년 4월

배운기

차례

2장
착한 제도의
불편한 얼굴들

■ ■ ■

3장
불편하지만 누군가는
해야 할 일들

■ ■ ■

4장
따뜻한 마음을 품은
정책을 꿈꾸며

■ ■ ■ ■

1장

정직하지만 불운한
채무자를 위한
마지막 비상구

"저기요, 저도 파산 신청할 수 있나요?"

■ ■ ■

회생·파산제도는 약한 고리를 위한
공공선의 첫걸음

누군가의 겨울은 혹독하다. 때때로 매서운 바람을 피할 수 없는 한계 상황에 다다른다. 온기가 담긴 손을 누군가 내밀어준다면 고맙겠지만, 개인의 불행에 대한 사회적 온정은 녹록지 않다. 사람들이 오가는 회생법원 2층 복도에도 겨울의 시샘은 현재진행형이다. 민원인들의 발소리와 통화 소리로 실내 분위기는 분주하고 한층 무거워져 있다. 잔뜩 찌푸린 하늘은 오가는 이들의 안색을 더 어둡게 했다.

커피 한 잔의 도움을 받아 업무를 시작하고 잠시 한숨을 돌리는 오후 네 시. 두리번거리며 계단을 올라오는 중년 남자가 보였다. 그의 눈빛에서 '혹시나' 하는 머뭇거림이 느껴졌다. 가만히 살펴보니 한쪽 다리를 가볍게 절고 있었다. 어렵고 힘든 발걸음이었을까.

"저 선생님, 뭐 좀 여쭤봐도 될까요? 요즘, 그… 파산은 잘 해주나요?"

한 마디 한 마디가 힘겹게 나오는 목소리였다. 검은색 마스크를 썼지만 피곤해 보이는 표정, 핏발이 선 눈동자. 술 냄새도 약간 풍겼다. 갑작스런 물음에 걸음을 멈추고 질문의 맥락을 헤아렸다. 아마도 회생법원에 개인파산을 신청하려고 방문한 민원인이겠지. 파산 신청을 받아들이는 선고(면책) 비율을 묻고 있을 터다.

"아! 개인파산이요? 정확한 인용 비율은 기억나지 않지만, 요건에 맞춰 신청하시면 잘해주는 편입니다."

남성은 지나가는 누군가가 자기 이야기를 들어주어서인지 복도 초입에 있는 의자에 털썩 주저앉았다. 공무원 입장에서 업무 외적인 민원인의 넋두리를 들어주는 것은 꽤나 피곤한 일이다. 가끔 자기 인생사를 장시간 풀어내며 한 편의 자서전을 쓰는 분들이 있기 때문이다. 그런 까닭에 질문에 대한 응답에 최소한의 시간을 들이는 편이다.

"제가요, 치킨집을 하다가…. 그니까 ○○치킨 아시죠? 그놈의 코로나가 뭔지. 장사가 잘 안되기도 했고, 배달하다가 뒤차에 치여 오토바이 사고도 나고…. 빚이 계속 늘어났죠. 아이들에게 돈 들어갈 일은 많고."

다행히 이분은 아주 간략하게 자기 상황을 설명했다. 띄엄 띄엄 이야기 속에 삶의 고단함과 상처가 묻어났다. 이야기를 하면서도 눈을 마주치지 못하고 시선을 아래로 떨구었다. 복도를 오가는 다른 민원인과 직원들을 의식해서인지 마스크를 계속 만지작거렸다. 채권자로 보이는 누군가의 탄식과 고함이 복도에 메아리쳤다.

"그러셨군요. 법원까지 오는 게 힘드셨겠어요. 혹시 여기 오기 전에 개인파산에 대해 알아보셨어요?(최근에는 민원서비스 확대로 검색만으로 알 수 있는 게 많다)"

"그러니까, 그게… 주변에서 변호사나 법무사를 찾아가면 쉽게 할 수 있다고 하는데, 주위에 아는 사람도 없고, 그럴만한 비용도 없어서 막연하게 왔어요."

법원에 신청하는 각종 재판이나 비송사건(법원이 다루는 사건 중에서 소송사건 이외의 민사에 관한 모든 사건)은 대부분 전문가인 변호사나 법무사가 대리인 역할을 한다. 절차가 생소하고 개인이 쉽게 이해하기 어려운 부분이 많기 때문이다. 그러나 사건을 위임하는 데 적지 않은 비용이 들기에 이마저 이용하기 힘든 분이 많다. 개인회생이나 개인파산 사건은 전문가의 처리 비용이 최소 200만 원 정도다. 자산이라고는 채무밖에 없는 이들에게는 감당하기 어려울 수밖에 없다.

이날은 채무자들에게 파산과 회생절차를 설명하는 날이라

많은 신청인이 복도를 오가고 있었다. 다양한 연령대의 민원인이 '채무자 회생 및 파산에 관한 법률'(이하 채무자회생법)에 따른 구제절차를 통해 기사회생을 바라고 있었다. 회생·파산제도의 개요와 진행 과정, 채무자로서 주의사항 등을 법원 내외의 전문가에게 듣는 것은 낯선 제도와 절차를 이해하고 필요한 행동을 하는 데 큰 도움이 된다.

"선생님, 혹시 제가 도움을 받을 수 있나요? 제가 잘 몰라서요. 궁금한 게 많기도 하고요."

법원에 처음 방문한 민원인에게 원하는 절차를 모두 설명하기란 쉽지 않다. 그런 까닭에 각급 법원 민원상담실에 전문 상담관들이 상주하며 민원인들을 만난다. 서울회생법원도 유선상담과 현장상담을 통해 채무자들의 회생과 파산절차를 돕는다. 민사와 형사재판을 주로 하는 일반 지방법원과 달리 회생법원은 '채무자 구제와 배려'라는 특별한 목적을 위해 존재한다. 이를 위해 민사비송 영역 중에서도 국가의 후견적 관여를 통해 채무자의 경제적 한계 상황을 완화하고 재출발할 수 있게끔 회생이나 파산절차를 진행하는 것이다.

"그럼요. 이 건물 1층 종합민원실에 가시면 '뉴스타트 상담센터'가 있어요. 그곳에 가면 변호사와 법무사, 회생위원 등 전문가들이 상담을 해줍니다. 거기에서 방문 목적과 사정을 말씀하시면 앞으로 원하는 절차와 준비할 서류에 대해 설명해줄 거예요."

"개인이 파산이나 회생을 구분해 신청할 수도 있나요? 제 채무 상태가 어느 정도인지 가늠이 안 돼서…."

"당연합니다. 선생님의 변제 의사와 경제적 상황에 따라 회생제도를 통해 일부 변제를 하거나, 아니면 파산선고를 통해 면책받을 수 있는지에 대해서도 이야기해줄 거예요."

"아이고, 선생님. 정말 감사합니다. 여기 오기까지 잠도 못 자고 맘고생이 심했는데, 이렇게 친절하게 말씀해주셔서."

"별말씀을요. 여기까지 오시느라 마음고생 많으셨겠어요. 혹 상담을 받고도 신청이 어려우면 법률구조공단을 방문해보세요. 신청 대행을 해주거든요. 조금 더 말씀드리면, 신용회복위원회를 가시면 부채증명 발급이나 개인파산 신청절차에 대해 무료 작성 지원도 받을 수 있습니다. 먼저 상담을 받아보시고 편한 방법을 선택하시기 바랍니다."

15분 정도의 짧은 대화였지만 중년 남성의 눈동자에 잠시 생기가 도는 듯했다. 1층으로 내려가는 그의 뒷모습은 여전히 힘이 없어 보였지만, 소득을 얻을 수 있는 발걸음이 되기를 진심으로 바랐다. 손에 서류봉투를 들고 바쁘게 오가는 민원인들 사이로 햇빛이 한 조각 얼굴을 내밀었다. 우리가 겨울의 끝자락에서 봄날의 햇살을 소망하듯, 누군가는 파산 상황에서 일상으로 회복할 수 있기를 간절히 소망하고 있을 것이다.

너무나 당연하지만 국가와 법제도의 존재 이유는 국민을 위한 공공선(공동선) 추구에 있다. 스콜라철학을 집대성한 토마스 아퀴나스는 공공선이 정부의 목적이자 법의 목적이라고 말했다. 계몽주의 철학자인 장 자크 루소 또한 사회는 각 개인의 공통 이익을 가질 때 작동하며, 국가의 최종 목적은 공동선의 현실화에 있다고 주장했다. 한국 사회와 법제도가 처한 현실은 철학자들의 이상적인 주장에 어느 정도 부합하고 있을까?

경제적 곤궁과 과도한 채무로 서울회생법원에 개인회생이나 개인파산을 신청하는 이들의 수는 한 달에 대략 2000~3000명에 달한다. 전국 법원에 접수되는 신청 건수는 대략 1만 건에 이른다. 이들 통계수치는 경제 상황에 따라 수시로 바뀐다. 이 가운데 어떤 이는 개인회생제도를 통해 채권자들에게 일부 변제를 한 뒤 새로운 출발을 하고, 어떤 이는 파산면책제도를 통해 경제적 어려움에서 벗어난다. 어쩌면 감정 없는 법제도가 가진 가장 선한 모습이 회생·파산제도에서 나타나고 있는 건지도 모른다(반면, 채권자들에게는 가혹한 법일 수도 있다).

우리 모두는 자신의 사회적 삶이 달랑 종이 한 장에 담기는 것을 바라지 않는다. 그럼에도 한계 상황에 다다른 누군가의 삶은 '신청서'라는 양식에 담겨 법과 제도의 도마 위에 오르고 평가받는다. 더욱이 파편화된 개인의 삶은 자본주의적 냉혹함에 무기력해지기 쉽다. 비록 법은 인간의 얼굴을 닮지 않았지만,

법과 제도를 운용하는 사람과 절차는 인간의 심장을 가질 필요가 있다. 그렇기에 경제적 어려움에 처한 이들에게 따뜻한 손길을 내미는 제도는 분명 존재 의의를 가진다. 물론 이런 절차는 채권자의 일방적인 희생과 양보를 전제로 한다. 채권자와의 관계에서 양면의 평가를 받는 채무자 회생·파산제도의 진정한 가치는 바로 여기에 있다.

생각해보면 법원에 파산 신청을 한다고 해서 인생까지 파산하는 것은 아닐 것이다. 적어도 경제활동 복귀라는 새로운 봄날을 위해 재기의 기회를 주는 것은 우리가 바라는 사회공동체의 공공선 아닐까. 우리 사회의 약한 고리를 이어주는 공공선公共善과 개인선個人善의 조화를 위한 첫걸음인 것이다.

회생·파산제도의
존재 이유는 무엇일까?

■■■

회생·파산제도에 관한
사소한 오해들

　겨울이 깊어가는 금요일 오후 3시. 사무실이 갑자기 부산해졌다. KBS 방송국 피디가 급작스럽게 방문해서다. 그는 우리나라 최초의 탐사 프로그램 제작 관계자였는데, 최근 노인 파산 인구가 급증한다는 보도에 실제 사례를 확인하고 신청인을 섭외하고자 왔다고 했다. 간단하게 용건을 말한 피디는 단도직입적으로 물었다.

　"최근 노인 파산이 급증하고 있다는데 사실인가요?"

　"통계상 급증한다는 표현은 좀 그렇고요. 아무래도 나이 드신 분들은 미래소득이 없을 가능성이 커서 회생보다는 파산이 더 많을 수밖에 없죠."(연금액이나 노후 준비 부족 등 인과관계에 대해 할 말은 많았지만 시간이 부족해 말할 수 없었다.)

방송국이나 언론 관련 대응을 일선 과에서 하는 게 적절하지 않은 듯해 바로 공보판사를 연결해주었다. 법원에서 대외 기관이나 언론과의 접촉은 공보관이나 공보판사의 업무다. 최근 언론에서는 기업 관련 법인회생 사건이나 개인회생·개인파산 관련 통계에 관해 다양한 관심을 보이고 있다. 법조 분야나 경제 분야 기자들이 현장 분위기를 파악하고자 회생법원을 자주 찾았다.

사회적 변동과 사건사고에 촉이 좋은 기자들이 무언가에 예민하게 반응하는 데는 분명 이유가 있을 것이다. 혹여 우리 사회가 다시 경제 불황이나 위기에 봉착할 가능성이 있다고 예측하는 것은 아닐까. 언론사에는 양질의 정보가 중첩적으로 쌓이다 보니 정치·경제·사회 분야에 관한 선행지표를 통해 미래 예측이 수월한 면이 분명 있다.

회생·파산제도에 다양한 관심이 집중되고 각종 통계지표에 언론이 반응하는 이유는 이 제도에 특별한 역할, 곧 경제적 약자들을 위한 치유와 정화 기능이 있어서가 아닐까. 이런 관심의 이면에는 채무자에 대한 날 선 비판과 의혹의 눈길도 존재한다. 이런 오해를 바로 잡기 위해 제도의 본질적 존재 이유를 정확히 짚고 넘어갈 필요가 있다.

회생·파산제도는
왜 만든 걸까?

세상에 놓인 것들은 모두 존재 이유가 있다. 특히 법과 제도 같은 규범적인 것들은 사회구조의 틀을 형성하고 구성원들을 위해 존재한다는 본질을 가진다. 어떤 제도를 이해할 때 이런 본질적 질문을 생략하게 되면 불필요한 의문과 소란이 생길 우려가 있다.

회생법원에서 일하는 판사들과 회생위원 등 담당자들이 가장 고민하는 것은 무엇일까? 회생·파산 업무가 한계채무자를 위해 일방적으로 만들어지다 보니 생기는 반감일 것이다. '채무자 프렌들리'한 채무자회생법 취지에 공감하면서도 막상 사건을 대하다 보면 부정적 감정이 싹트기도 한다. 어쩌면 인간의 이타심과 도덕적 양심에 대한 기대치 때문일지도 모르겠다. 그렇다 보니 마치 수사관처럼 신청사건을 들여다보면서 채무자가 자신의 경제적 상황을 숨기거나 거짓말을 하고 있지는 않은지 살피게 된다. 업무 담당자에게 바람직한 태도이기는 하지만, 이처럼 엄격한 자세로 일관하다 보면 제도의 본질적 의미가 퇴색될 수도 있다. 하지만 누구든 업무에 적응하게 되고 시간이 지날수록 결국에는 제도가 요구하는 융통성을 따라가게 된다.

법과 제도를 집행하고 구현하는 법원 구성원조차 이런 생각을 하고 있으니, 일반인이 회생·파산제도에 불만을 갖거나 오해하는 것은 어쩌면 당연하다. 그렇다면 회생·파산제도의 본질은 무엇일까? 한마디로 말한다면 '채무자 면책과 회생을 통한 공동체의 공존공생'이다. 그런데 회생·파산제도의 의미를 단순하게 채무자 회생과 면책에만 맞추다 보면 그에 소용되는 사회적 비용과 도덕적 해이 같은 비난이 제기될 수밖에 없다. 또 성실한 채권자나 이해관계인이 일방적으로 손해를 감수해야 하는가에 대해서도 답변하기 어려워진다.

회생이나 파산면책을 정당화하는 근거는 동일하다. 경제적 파탄에 놓인 한계채무자를 방치하면 안 되는 이유이기도 하다. 공동체 구성원들이 공존공생하기 위한 첫째 조건은 사회안전망 확보다. 이는 심리적인 것과 물리적인 것 둘 다 포함된다. 채무자와 그 가족의 불안은 정신적·경제적 두 측면에서 사회적 안전에 중대한 영향을 미칠 수 있다. 결국 채무자 갱생을 사회적 비용으로 분담함으로써 사회안전망을 확보하는 것이다.

공존공생을 위한 둘째 조건은 사회 전체의 공리주의적 판단과 결정이다. 시장의 원리와 계약법의 원칙으로 본다면 회생·파산제도는 분명 문제가 있는 제도일 수밖에 없다. 법과 제도가 채무자가 채권자와의 약속을 지키지 않는 것을 일방적으로 보호해주기 때문이다.

하지만 공리주의적 시각으로 본다면, 채무자의 경제적 파탄이 가져오는 사회적 손실과 채권자의 재산권 침해를 보다 큰 공익적 가치에서 서로 비교하고 형량해야 한다. 채권자들 간에 공평한 변제를 확보하고 지급불능 상태의 채무자에게 경제적 갱생의 기회를 준다는 공익적 가치가 파산채권자에게 발생하는 재산권 침해보다 더 크다는 판단이다.

셋째 조건은 사회적 생산력 증진과 경제적 효율성의 활성화에 기여한다는 측면이다. 한계채무 상황에 처한 채무자는 경제활동을 포기하고 비노동 영역에 머물 가능성이 크다. 이는 사회적 생산력의 상실이라는 부정적 효과로 이어질 수 있고, 경제활동 축소라는 결과가 도출된다. 이와 같은 부정적 결론을 방지하려면 채무자가 신용을 회복하고 경제활동에 참여해야 한다. 그래야 사회 전반적으로 경제적 효율성을 높일 수 있다.

회생·파산제도는
'채권자의 재산권 행사를 침해'하는
위헌적 제도 아닐까?

회생·파산제도의 존재 이유에 정당성이 있다 할지라도 '채권자의 재산권 행사를 제한(침해)한다는 측면에서 위헌이 아닐까' 하는 의문을 제기할 수 있다.

한국의 도산법은 파산법, 화의법, 회사정리법의 3법체제였다가 이를 통합해 지금의 채무자회생법으로 다시 제정한 것이다. 헌법재판소는 2013년 면책 효력을 정하는 제566조에 대해 합헌이라고 판단(2012헌마569 결정)한 바 있다. 결정 이유를 요약해보면, 채무자 면책은 채권자에 대한 공평한 변제를 확보하고, 지급불능 상태에 빠진 채무자에 대해 경제적 재기와 갱생의 기회를 부여하는 공익적 가치가 크며, 채무자의 책임이 면제된다 하더라도 그로 인해 파산채권자에게 발생하는 재산권 침해는 크지 않을 것이라는 법익균형성 차원에서 합헌이라고 본 것이다. 이는 사회안전망을 위한 공리주의적 관점이 반영된 결정례라 할 수 있겠다.

도산법의 원조 격인 미국은 어떨까? 미국의 연방도산법은 연방의회에서 제정된 연방법이다. 미국에서는 법률 제정이 연방의회의 권한이라는 입장이다. 따라서 채무자에게 면책을 부여할 것인지 여부는 '입법정책의 문제'라는 인식이 확고하다. 미국 연방대법원은 면책 목적이 성실하지만 불운한 채무자에게 채무의 압박과 굴레로부터 벗어나 새롭게 출발한 기회를 부여한다는 이유로 면책제도의 정당성을 확인하고 있다.

일본은 미국이나 한국과 같은 회생·파산제도에 관해 단독 법률이 아닌 파산법, 민사재생법, 회사갱생법이라는 3법체계를 유지하고 있다. 일본은 1961년과 1991년 최고재판소 결정으로 "파산법상 면책규정은 공공의 복지를 위한 헌법상 허용된 필요하고도 합리적인 재산권의 제한으로 합헌"이라고 판단했다. 또 면책으로 침해된 채권은 채무자의 무자력으로 실질적 가치가 없고, 채권자의 희생이 큰 게 아니라는 비교형량도 근거로 내세우고 있다.

회생·파산제도에 대한
흔한 오해들

채무자들이 회생·파산제도를 악용한다는 오해

회생·파산제도는 채무자의 도덕적 해이를 조장하고 경제적 책임의식을 약화시킨다는 오해가 있다. 채무자들이 제도의 혜택을 기대하고 경솔하고 무절제한 소비 활동을 할 것이라는 예측이다. 문제는 이런 가정이 실증적 연구나 적확한 통계에 기반하고 있지 않다는 점이다. 또 한계채무자 대부분은 파산이 주는 낙인효과 때문에 실질적으로 회생·파산제도를 선뜻 이용하는 걸 꺼린다는 게 실무 담당자들의 의견이다. 회생법원이나 신용상담기관 담당자들에 따르면, 채무자들이 파산제도에 의존하기보다 자기 힘으로 채무를 이행하려는 경우가 많다고 한다.

혹 제도를 악용하는 채무자가 일부 있다 하더라도 채무자회생법은 이에 대한 다양한 견제장치와 처벌규정을 두고 있다. 곧 추측에 따른 성급한 일반화의 오류는 경계할 필요가 있다.

금융기관 등 채권자들에게 가혹하다는 오해

채무자의 일방적 탕감은 채권자에게 너무 가혹한 것 아니냐는 주장이다. 채권자 대부분(95% 이상)은 금융기관이다. 금융기관은 대출의 일정 비율을 악성채권으로 인식한다. 곧 위험부담을 안고 대출을 실행하는 것이다. 실제 연말에 보도되는 은행 여신상품의 순이익 규모를 보면 은행이 벌어들이는 돈은 대부분 대출에서 발생한다. 금융권의 부실채권이 당연하다라기보다 사회의 공리주의적 판단에서 이익형량하면 그렇다는 거다.

개인 채권자인 경우에도 가족이나 친족 등 인척관계일 때는 채무자의 위험을 감수할 만한 사정이 있으므로 보호할 가치가 적고, 채무자가 면책을 받고 재기하는 것이 부양 의무를 져야 할 가족에게도 도움이 된다고 할 수 있다. 순수한 개인 채권자는 비면책채권에 해당하는 특별한 사정(사기 등)이 있는 경우 별도로 추심할 수 있는데, 그에게도 채무자의 신용 상태를 제대로 파악하지 못한 책임이 있기에 손실을 감수할 수밖에 없다고 판단하고 있다.

채무자의 빚을 세금으로 탕감한다는 오해

회생·파산 관련 언론 보도나 기사를 보면, 채무자를 면책할 때 소요되는 비용을 국가 세금으로 처리하는 건 문제가 있다는 댓글이 많이 달린다. 과연 그럴까?

실제로 일부 채무자의 경우 소송 비용을 제외하고는 신청인의 비용으로 처리된다. 그리고 탕감은 전부 채권자들의 손실로 발생한다. 결국 채무자의 빚을 세금으로 갚아준다는 오해는 회생·파산제도의 본질적 몰이해에서 비롯된다.

더불어 살아가는 공존의 삶이 탁상공론에 그치고, 국가의 법과 제도가 사회적 약자나 소외된 이들을 보듬지 못할 때 그 사회는 차갑고 위험해진다. 채무자들을 위한 회생·파산제도는 이제 소모적 논쟁에서 벗어나 사회적 약자를 보듬는 따뜻한 도구로 나아가야 한다.

몇 주 뒤, 서울회생법원에서 촬영했던 프로그램이 공중파를 탔다. TV에 방영된 탐사 프로그램의 제목은 "2023 노후 빈곤 보고서, 산타는 없다"였다. 한국의 노인빈곤율은 40%로 OECD 국가 중 1위다. 2023년에 전국 법원에 집계된 개인파산 신청자 중 60세 이상은 48% 정도였다. 그만큼 한국 고령 인구의 노후는 취약한 상황이다. 아마도 방송을 본 많은 시청자가 적잖은 충격을 받았을 것이다. 노후 준비(혹은 노후복지)가 개인의 문제를 넘어 사회문제로 확대되어야 하는 까닭이 여기에 있다. 모두가 고민해야 할 삶의 영역은 계속 넓어지고 있다.

우리 사회에 실패 예찬이
필요한 이유

■ ■ ■

실패 예찬에 인색한 한국 사회,
공감 불능의 위험 사회가 되다

후배 판사 A와 점심을 먹었다. 메뉴는 속도 편하고 맛도 깔끔한 바지락 갱국이었다.

"제 대학 선배 딸이 이번에 ○○로스쿨 졸업하고 ○○로펌(3대 로펌 중 하나)에 들어갔는데, 교육 잘 시켰죠?"

"그 선배는 어디 근무하는데?"

"아! 그 선배님도 서울 ○○법원에 근무해요. 잘나가는 부장 판사로요."

살짝 배가 아파왔지만 음식 문제는 아니었다. 며칠 전 친구와 저녁 만남이 떠올랐다. 친구는 큰딸이 대학을 졸업하고도 몇 년째 취준생 신분이어서 걱정스럽다는 얘기를 했다.

"처음에 5급 공채로 바뀐 행정고시 준비한다고 했다가 잘 안되어서 지금은 7급 공무원을 준비하고 있는데, 그것도 쉽지 않은가 봐."

"그렇지. 각종 고시나 공무원 시험도 경쟁률을 생각해보면 만만한 게 하나도 없어. 다들 몇 년씩 준비해서 운 좋게 합격하는 거잖아."

"신림동 갔다가, 학교 고시반에 있다가, 다시 노량진으로 옮겨서 공부하다 지금은 집 근처 스터디 카페에서 인강으로 공부한다는데, 밤늦게 오는 것 보면 안쓰럽더라고."

"그 아이 속은 오죽하겠어. 가뜩이나 비교하고 내보이기 좋아하는 한국 사회에서 말야. 그렇잖아도 여러 친구 집에서 다들 난리네. 그놈의 먹고사는 게 뭔지."

우리 인생에
오답노트는 있을까?

우리 삶에 오답노트가 필요할까? 오답노트는 학창시절 중간고사나 기말고사를 준비할 때 틀린 문제를 기록하고 반복해 살피는 비장의 무기였다. 정해진 범위에서 지식이나 옳고 그름을 평가하는 시험에서는 이런 오답노트가 빛을 발한다. 오답을 확인하는 것은 계속 실수하는 문제에 대한 잘못된 이해를 바로잡는 최적의 비법이기 때문이다.

우리 삶에 대해서도 오답노트를 만들 수 있을까? 오답은 정답을 전제로 존재하고, 정답과 오답 사이에는 명확한 판단 기준이 있기 마련이다. 적어도 우리 삶은 정답이 존재하는 문제보다 훨씬 복잡한 상황에 놓여 있고, 객관적으로 명확한 성패를 판단할 기준이 없기에 아마도 불가능할 것이다.

그러나 안타깝게도 우리 삶은 '소수의 성공과 다수의 실패(라는 판단)'라는 인식 속에서 꽃처럼 피고 진다. 그 인식 안에서 소수는 스포트라이트를 받으며 꽃길을 걷고, 다수는 패배의식과 자존감에 상처를 입은 채 살아간다. 사농공상의 유교적 관념이 깊숙이 뿌리내린 우리 공동체에서는 유난히 성공하는 삶과 실패하는 삶에 대한 명암이 크다. 따라서 국가고시의 명성과 전문가 라이선스, 대기업 취업의 영광은 한 개인의 일생을 지배하기 쉽다.

부모의 사회적 신분과 경제력을 바탕으로 직업적 세습을 하는 이들이 많아지고 있다. 한참 우리 사회를 흔들었던 사건들 중심에도 부모의 욕망이 있다. 후배 판사는 전문가 직역에 종사하는 이들이 자녀 교육이나 직업에 더 열성을 보인다고 말한다. 최근 들어 유독 적극적인 부모가 많아졌다는 것이다. 대를 이어 판검사나 고위 관료, 변호사나 의사를 하는 이들이 증가하는 것을 보면 한편으로는 부럽고 다른 한편으로는 씁쓸하다.

그런 측면에서 평범한 부모의 기본적인 지원 아래 자기 앞날을 묵묵히 헤쳐나가는 수많은 젊은 친구들이 대견해 보인다. 적어도 이들은 부모의 배경이나 모종의 품앗이 없이 인생의 성취를 자기 노력과 만족에서 찾을 것이기 때문이다.

실패에 대한 관용과
실패 예찬이 필요한 시대

한국 사회의 빠른 성장과 경제적 성취의 이면에는 능력주의 세계관이 숨어 있다. 그 기여를 과소평가할 수는 없다. 능력주의는 성적과 사다리, 자기계발과 기회로 만들어진다. 능력의 측정과 평가는 대개 대학이나 각종 고시, 대기업이나 공공기관 공채의 합격 여부로 나타나는데, 이는 세태에 따라 변모한다. 지금은 부동산이나 주식, 가상화폐로까지 그 능력이 확장되고 있다. 한국 사회에서 능력은 곧 사회적 계급이 된다. 그 능력을 쟁취하고 키우기 위해 어린 시절부터 성적에 목을 맬 수밖에 없다. 학력은 최고의 능력으로 인정받으며 이른바 SKY 졸업자들은 한국 사회의 주류임을 자처한다. 정·관·재계나 법조계 등 사회 모든 분야에서 학력과 학벌로 이뤄진 끈끈한 사다리와 인맥은 부모에서 자식으로까지 이어진다.

한국 사회는 능력에 따른 과도한 보상과 능력에 따른 차별이나 불평등을 당연하게 받아들여왔다. 능력이 부족하다고 평가받거나 경쟁에서 뒤처진 이들에게는 형편없는 보상이 뒤따랐다. 이런 시선으로는 정규직 근로자가 비정규직의 마음을 이해하지 못한다. 또 경쟁에서 탈락하거나 뒤떨어진 이들을 위해 갱생의 기회를 주는 것 또한 납득하려 하지 않는다.

실패에 대한 사회적 관용이 부족하다 보니 그 두려움에 대한 내성이 떨어지고, 반복되는 시행착오의 공포 속에서 사람들은 살아간다. 이 두려움이 반영된 경쟁은 온갖 (불법)지원과 비법이 동원되는 전쟁터와 같다. 부한경쟁 시스템은 결국 비정한 사회의 토대가 된다. 이런 분위기에서 공정한 경쟁과 평등, 합리적 규칙과 선의를 말하는 것은 어불성설이 될 수밖에 없다.

한국처럼 실패에 대한 방어 시스템이 약한 사회는 위험사회가 될 가능성이 크다. 비통한 이들을 위한 최소한의 지원 시스템이 없는 사회는 더 나아가 재앙사회가 될 수도 있다. 위험사회에는 제도적 패자부활전이 마련되어 있지 않다. 그러니 이 시점에서 한국 사회에 가장 필요한 것은 실패에 대한 관용과 실패 예찬일 것이다.

다양한 패자부활전이 필요하다

수많은 패자부활전이 필요하지만 제도적 뒷받침은 가뭄에 콩 나듯 드물다. 실직하거나 사업에 실패하면 경제적 신분은 급

전직하되어 나락으로 떨어진다. 일부 전문직과 기술직을 제외하고는 비슷한 수준의 기업에 재취업하는 것은 거의 불가능에 가깝다.

주위를 돌아보면 실패하지 않는 삶은 거의 없다. 만약 존재한다면 그에게 특별히 배울 것은 없을 것이다. 인생의 가장 큰 교훈인 '겸손'이 그들에게는 없을 가능성이 크기 때문이다. 우리 대부분은 수많은 실패와 실수 속에서 성장하며 자기 삶을 이끌어나간다. 어쩌면 실패는 인간이 경험할 수 있는 가장 깊은 성찰의 계기일 것이다.

실패는 도전과 기회의 또다른 이름이다. 도전하지 않는 이들에게 실패가 존재할 수 있을까? 배는 항구에 정박에 있을 때 가장 안전하다. 어떤 위험이나 실패도 없다. 하지만 더 큰 바다로 나아가지 않는 배는 더이상 '배'라고 할 수 없을 것이다. 당연히 의미 있는 성취도 없다. 우리 삶도 마찬가지다.

문제는 수많은 개인의 실패가 공동체의 실패로 끝나는 경우다. 이는 사회가 개인의 실패를 외면하고 방치할 때 발생한다. 현실 속 패자라 불리는 이들의 유형은 여러 평면 위에 다양하게 존재한다. 그만큼 우리 삶은 수많은 경쟁의 틈바구니 속에 있다. 개인들이 직면하는 어려움을 극복하는 능력과 방법론은 한계가 분명하다.

결국 경쟁에 뒤처진 이들에게 패자부활의 장을 마련해주

고, 저마다 능력대로 살아갈 수 있는 세상을 만들 책임은 국가에 있다. 그래서 승자독식의 공식을 깨고 더불어 살아갈 수 있는 사회 분위기를 조성하는 것이 중요하다.

공존공생을 위한 우리만의 〈빅이슈〉가 필요하다

〈빅이슈〉는 홈리스Homeless(거리 노숙, 비주택·비적정 주거 거주민 등 주거 취약계층)들에게 일자리를 제공하는 잡지다. 홈리스들에게 스스로 일어설 기회를 주고, 노동의 가치를 깨닫게 하며, 정당한 사회구성원으로서 자존감을 일깨우는 역할을 한다.

1991년 영국에서 사회적기업으로 시작한 〈빅이슈〉는 한국에서 '빅이슈코리아'로 뿌리내리고 있다. 빅이슈코리아 홈페이지에 나오는 첫 문구는 "빅이슈의 미션은 빈곤 해체입니다"이다. "당신이 읽는 순간, 세상이 바뀝니다"는 이들의 슬로건이다. 이 단체의 정체성은 인간성 회복과 주거 취약계층의 존엄에 기반한 자립 솔루션이다.

일정한 주거 공간 없이 빈곤 속에 살아가는 이들의 삶이 긍정적으로 변화할 수 있도록 사회경제적 기회를 제공하는 것을 사명으로 한다. 다시 말해 〈빅이슈〉의 사명은 패자부활전을 통해 사회경제적 기회를 제공하는 데 있다.

사회보장제도 대부분의 근본 취지 역시 사회경제적 약자의 생계를 돕고, 교육 기회를 제공하는 데 있다. 하지만 현실에서는 경제적 약자들이 제도에 쉽게 의존하다 보니 사회적 기회를 제공받지 못하는 역설이 발생한다. 〈빅이슈〉는 이런 문제 의식을 바탕으로 경제활동의 기회를 제공하려는 것이다.

　이 측면에서 보면 회생·파산제도 역시 〈빅이슈〉 못지않게 패자부활의 기회를 제공하는 제도다. 기반이나 대상은 다르지만 분명 회생·파산제도는 〈빅이슈〉와 닮아 있다. 〈빅이슈〉 활동을 통해 홈리스들이 경제적 갱생의 의지를 갖고 새롭게 출발하는 것처럼, 회생·파산제도 또한 한계채무자들에게 새출발 기회를 제공한다. 회생·파산제도의 정체성도 경제적 자유인의 자존감을 회복시키고, 경제적 약자들의 존엄에 기반을 둔 해법을 제공하는 데 있다.

　근본적으로는 패자부활이 자유로운 사회구조와 제도가 만들어져야 한다. 실패를 개인의 문제로만 여기기보다 사회나 국가의 제도적 관점에서 살필 때 실패한 이들의 삶이 더 자세히 보인다. 이를 개인의 실패로만 규정하면 사회적 책임에서 벗어난 국가와 법과 제도는 개인의 삶에서 멀어진다. 따라서 개인의 시행착오를 실패라 규정하지 않고 다시 일어설 수 있도록 도와야 한다는 사회적 인식이 필요한 것이다.

　인식을 개선하는 것과 더불어 능력주의를 보완하는 완충지대, 곧 경제적 실패자들을 위한 완충지대를 만들어야 한다. 실패하거나 좌절한 상태로 머물러 있지 않고 다시 출발할 수 있도록 교두보를 마련해줘야 하는 것이다. 모든 개인의 실패를 국가나 제도가 떠안을 수는 없지만, 새롭게 시작하려는 의지를 가진 개인이 기댈 수 있는 언덕 정도는 국가가 마련해줄 수 있지 않을까? 이는 패자부활의 전초기지를 만드는 법과 제도를 설계하는 문제다. 기업이나 개인에게 기회를 제공하는 회생·파산제도는 그 방법 중 하나일 뿐이다.

최근 영재들의 학교라 불리던 카이스트에서 '실패연구소'를 만들고 '실패주간'을 선포했다고 한다. 끊임없는 경쟁은 모두가 실패할 수밖에 없는 뫼비우스의 띠를 만들어낸다. 이제는 그 무한궤도에서 벗어나 서로 다를 수 있다는 유연성과 크고 작은 실패로부터 회복할 수 있는 탄력성을 갖춰야 한다. 위대한 세상은 특별한 한 명이 아닌 공존하고 공생했던 수많은 이가 만들어왔기 때문이다.

정직하지만 불운한 채무자는
어떻게 가려내나요?

■ ■ ■

도덕과 법률 그리고
채권자와 채무자의 딜레마

사적인 채권채무 계약이든, 금융기관을 통한 대출 계약이든 채권자는 100% 변제를 기대한다. 이것은 신용사회의 약속이다. 그럼에도 자본주의적 삶은 누군가에게 이 약속을 지킬 수 없게 하는 곤란한 상황을 부여한다. 경제적 파산에 직면한 개인은 그 원인을 불문하고 결국 회생법원 문을 두드린다. 이 과정에서 그 행위의 정당성에 관한 도덕적 기준과 법률적 판단이 가진 딜레마가 불꽃을 피운다. 회생법원의 회생·파산절차를 통해 구제가 되면 채권자들의 항의는 도덕적으로는 얼마든지 가능하지만, 법률적으로는 일정한 제한을 받는다. 채권자는 회생의 경우 변제계획에 따라 채권 금액의 일부만 받을 수 있고, 파산의 경우 전액을 탕감하기에 아무것도 받지 못한다.

채권자와 채무자의 딜레마,
"누가 내 억울함을 들어줄까요?"

"왜 내 돈을 못 받는건데! 당신들이 뭔데 돈 안 갚는 사람을 대변해?" "1억 원을 빌려놓고 3000만 원만 갚는다고? 도대체 이런 법이 어디 있습니까?" "돈 빌려준 채권자 가운데도 서민이 많아요. 일방적으로 양보해야 한다니, 천불 나는 억울한 사정은 누가 들어주나요?"

난데없는 고함이 오후의 고요를 갈랐다. 채권자의 불만 가득한 목소리가 사무실을 뒤흔들었다. 한두 번 들리는 고성이 아니어서 적응될 법도 하지만, 폭탄처럼 터지는 억울함을 듣다 보면 마음 한구석에 바위가 놓인 듯 무거워진다. 그렇다고 법과 제도가 가진 취지로 저 억울한 심정을 위로하거나 해소할 길도 없다. 채권자 입장에서는 국가가 일방적으로 채무를 탕감해주는 제도가 불합리해 보일 수밖에 없다.

억울한 개인 채권자는 전체의 2~3%에 불과하지만 그 목소리를 무시할 수는 없다. 회생·파산절차에서 채권자 대부분은 금융기관이다. 금융기관은 대출 과정에서 채무자의 자산 상황이나 담보 등 신용에 대한 조사를 전제하기에 일정 부분 리스크를 부담해야 한다. 그렇다고 채무자의 파산 신청 행위가 정당화되지는 않는다. 다른 차원의 판단이 필요한 이유다.

도덕적 판단과 법률적 판단의 딜레마,
"왜 투기한 사람까지 파산 신청을 받아주나요?"

"왜 빚투와 영끌로 한탕을 노린 이들을 국가가 구제해주어야 하나요?"

"왜 투기꾼의 채무를 국가에서 탕감해줘요? 전 국민을 투기꾼으로 만들 생각인가요?"

"아껴서 저축하며 착하게 산 사람보다 빚 내서 일확천금을 노린 사람이 왜 더 이익을 봐야 하죠?"

서울회생법원에서 가상화폐 관련 실무준칙(주식 또는 가상화폐 투자 손실금 처리에 관한 실무준칙)을 발표했을 때 국민들 반응이었다. 댓글 대부분은 '왜 자기 이익과 욕망에 따른 결과를 국가가 법률로 구제해주는가?' 같은 비판이었다. '영끌'과 '빚투'는 최근 줄임말의 대표주자로 등장한 단어다. '영끌'은 '영혼까지 끌어모았다'는 뜻이고, '빚투'는 '빚내서 투자한다'는 의미다. 의도만큼 좋은 결과로 이어지면 좋겠지만, 행운의 여신과 자본주의적 불확실성은 그렇게 호락호락하지 않다. 달콤한 꿈을 꾸다가도 누군가는 경제적 파산이라는 수렁에 빠질 수밖에 없다.

2020년 전후의 대한민국은 투자(혹은 투기) 광풍에 휩쓸렸다. 너나 할 것 없이 재테크 마법에 시간과 돈을 쏟아부었고, 어떤 사람은 영혼까지 갈아 넣었다. 가상화폐, 부동산, 주식 같은 각종 자산증식 수단의 열풍으로 수많은 이의 희비가 엇갈렸다. 누군가는 자산을 뺑튀기했고, 누군가는 자산을 탕진했다. 행운과 불행의 여신이 시간의 신인 크로노스의 손을 잡은 까닭이다. 이 때문에 경제적 부를 축적한 소수는 부러움을 샀지만, 빚만 늘어난 이들은 절망과 좌절의 친구가 되어버렸다.

결국 경제적 상황이 어려워진 이들은 회생·파산제도의 문을 두드려야 했다. 여기서 부동산, 가상화폐, 주식을 포함한 빚투나 영끌의 결과가 경제적 파산으로 이어졌을 때 과연 그 개인에게 파산이나 회생 신청을 할 정당한 자격이 있는지가 논쟁의 대상이 된다. 다시 말해 법이 구제해줄 만한 '성실한 채무자의 조건'에 부합하는가 여부가 문제의 핵심이다.

채무자가 성실한지
어떻게 판단할 것인가?

도덕적 정의에 기초한 옳고 그름에 대한 기준은 명확하다. 곧 약속이나 계약을 통해 빌린 돈(빚)은 갚는 게 당연하다. 도덕적 판단기준은 국민의 법감정과 유사한 주파수를 가진다. '법은 도덕의 최소한'이라는 명제를 뒤집어보면 법은 도덕적 기준을 응축시켜 제도화한 것에 불과하다. 따라서 채무자 개인이나 가정의 사정이 어떻든 빌린 돈을 갚는 건 개인의 책임이다. 불가피한 상황에 대한 고려는 차후의 문제다.

반면, 법률적 정의는 사회정책의 옷을 입고 다소 온정적이다. 법률이 제정된 특별한 목적을 위해 도덕적 기준의 엄격함을 유보시킨다. 곧 채무를 일정 부분 탕감해주거나 면책시켜서 새로운 삶의 기회를 주자는 것이다. 채무자의 경제적 회복이 사회 전체로 봤을 때 유리하다는 정책적 판단이 법률에 반영된 까닭이다. 역사적으로도 파산제도는 개인의 경제적 실패를 국가가 떠안는 사회안전망 역할을 해왔다. 다만, 그 재생의 희망은 '정직하고 운 없는 채무자'를 전제로 한다.

개인 채무의 성격을 살펴보면. 악의를 품은 투기나 낭비 혹은 게으름 때문에 진 빚이 있고, 성실하고 정직하게 살았는데도 어쩔 수 없이 진 빚이 있다. 신청인의 빚의 성격을 판단해야 하는 채무자회생법은 채권자와 채무자, 도덕과 법률의 딜레마 모두를 안고 있다. 이 딜레마를 풀어내는 것은 '무엇이 개인이나 사회에 유리한가?'에 대한 결정이다. 그렇다고 사람들이 우려하는 도덕적 해이를 방치해서도 안 된다. 또 파산제도의 선한 손길을 악용하는 이용자의 불순한 의도도 막아야 한다.

채무자 구제의 법적 연원은 미국의 연방도산법(연방파산법)에서 기인한다. 한국만이 아니라 유사한 제도를 두고 있는 세계 여러 나라의 채무자회생법의 뿌리가 그 법에서 비롯되었다. 연방도산법은 채권자에 대한 공정한 변제와 '정직하지만 불운한 채무자'가 채무의 굴레에서 벗어나 새로운 삶을 설계하도록 돕는 데에 목적이 있다.

간단해 보이지만 '정직과 불운'은 모두 추상적 개념이고, 그 기준을 누가 정하느냐에 따라 다양한 스펙트럼이 나올 수 있다. 결국은 도산(파산)제도를 가진 각국의 법률과 사회적 상황에 맞게 구제받을 수 있는 채무자를 선별할 수밖에 없다. 그 기준은 시대적 상황이나 사회경제적 변동에 따라 얼마든지 바뀐다.

정직하지 않은 채무자를
어떻게 걸러낼 것인가?

한국의 입법자들과 실무자들 또한 채무자의 '정직과 불운'에 대해 고민하지 않을 수 없다. 법률적 사고를 전제로 하는 결정 앞에는 국민의 법감정과 도덕적 기준이라는 험난한 판단 기준이 늘 기다리고 있다. 국민의 법감정이 부동산이나 가상화폐 같은 위험자산에 투자한 채무자를 '정직하지만 불운한 채무자'로 볼 것인지 여부도 중요하기 때문이다.

회생법원은 회생·파산사건 처리 과정에서 선의의 채권자들이 피해를 입지 않도록 여러 업무 당사자가 심사를 진행하고 있다. 채권자들의 정당한 권리 보호는 성실하지만 불운한 채무자 선별과 맥락이 닿아 있다. 회생절차에서는 회생위원과 관리위원회 그리고 판사가, 파산절차에서는 관리위원회와 파산관재인, 채권자집회, 판사가 서로 유기적으로 협조하면서 신청인인 채무자가 '정직하지만 불운한 채무자'인지 여부를 가려낸다.

회생 사건에서는 회생위원이 채무자를 면담하고 그가 제출한 신청서와 각종 첨부 서면을 심사한다. 법원은 변제계획인가 이전에 채무자에게 신청 자격이 없거나 허위로 서류를 작성하는 등 채무자회생법 요건에 부합하지 못할 경우 절차를 폐지할 수 있다. 또 파산절차에서는 판사의 서면 심사와 채무자 심문을 통해 신청인 적격을 심사하고, 법정 요건이 충족되지 않았을 때는 신청을 각하하거나 기각할 수 있다. 따라서 사해행위를 통한 파산, 형사적 절차를 피하기 위한 회생 신청은 심사 단계에서 대부분 걸러진다.

회생·파산절차에서 억울한 피해를 입은 채권자들을 설득하는 것도 제도를 운용하는 실무자들의 업무다. 고성과 탄식이 오가는 상황에서 제도적 취지를 공감시키는 일은 결코 쉽지 않다. 채권자들에게 피해가 적게 가는 절차를 알려주는 것도 부수 업무에 속한다. 사해행위나 고의 파산으로 법을 악용하는 채무자를 비난하는 채권자들에게는 더이상 해줄 말이 없다.

돌이켜보면, 한국 사회의 법정法廷에서 베니스 상인에 등장하는 어느 재판관의 판결 같은 동화童話를 기대할 수는 없다. 감동과 반전이 담긴 이야기는 가공된 것일 뿐이다. 감정 없는 법정은 냉정하다. 우리의 사회경제적 삶은 이상향과 동경이라는 평면보다 판단과 유보라는 딜레마에 둘러싸여 있다. 그것만이 진실이다.

사회적 약자를 대하는
한국 사회의 두 얼굴

■ ■ ■

"실업은 난파선에 올라탄 느낌,
실업급여는 구명조끼."

사회 시스템에 관한 모든 논란에 정답은 있다. 다만, 우리가 그것을 외면하거나 모를 뿐이다. 철학자 칼 포퍼의 말처럼 민주주의 자체는 이성을 제공하지 않는다. 정치하는 이들과 국민의 지적·도덕적 기준(수준)에 관한 문제는 전적으로 개인의 문제에 속한다. 결국 열린 사회를 만드는 것은 민주주의라는 정치 시스템이 아니라 시민 개개인의 문제라는 이야기다.

실업급여가 '시럽급여'가 되는 사회

최근 비자발적 사유로 퇴직한 친구가 실업(구직)급여에 대해 입을 열었다. 친구는 아직 학생인 자녀가 둘이나 있다. 현재 실업급여를 받으며 구직활동 중에 있는데, 수급 기간은 9개월로 재취업을 위해 노력하고 있다는 증명을 정기적으로 제출하고 있다고 한다.

"실직자가 되면 답이 없어. 여기저기 구직활동을 하고는 있지만, 나이가 있고 경력이 다른 사람에게 일할 기회를 주는 곳이 생각보다 많지 않더라고. 구직활동에 필요한 비용인 실업급여가 많다느니, 사치비용으로 지출된다느니 하는 말이 나오는 건 정책 입안자들이 이 상황을 경험해보지 못해서일 거야!"

"실업은 꼭 난파선에 올라탄 느낌이야. 실업급여는 최소한의 안전을 보장하는 구명조끼 같은 거고. 인터넷으로 신청할 수도 있지만 고용센터를 방문해 신청했는데 불편하기 짝이 없더라고. 그렇다고 우거지상을 하고 관공서를 방문할 수도 없잖아. 실직이 무슨 죄 지은 것도 아니고."

실업급여가 난데없는 '시럽급여'로 불리며 뜨거운 감자가 된 적이 있다. 실업급여의 소비 성향에 대한 정치인의 문제 제기는 실직자를 모독하고 범국민적 원성을 자아냈다. 극히 일부의 소비 행태를 일반화해 무분별하게 비난하는 것은 고용보험과 실업자 구제정책에 대한 몰이해에서 비롯된다.

실업 상황은 개인은 물론이고 사회적으로도 재난이다. 금수저가 아닌 이상 일하고 받는 월급이 없으면 생계를 이어가기가 어려워지는 것은 당연하다. '시럽급여' 논란을 일으킨 국회의원의 월평균 수당은 1286만 원이다. 연봉이 1억 5000만 원인 그들에게 실업은 남의 일일 뿐이다.

실업급여는 최소한의 생계비이자 재취업을 위한 준비자금이다. 희소한 케이스를 가지고 '시럽급여'라 희화화하는 것은 잘못된 계급적 시각이다. 실업급여로 해외여행을 가거나 명품 선글라스를 구입하는 경우가 얼마나 있겠는가? 말 그대로 편향적 '뇌피셜'이거나 '탁상추정'의 결과물일 것이다. 특히 '시럽급여'라는 모욕적 단어로 여성과 청년세대 전체를 도덕적 해이에 빠진 집단으로 매도하는 것은 바람직하지 않다. 실업급여로 어떤 소비를 하든 그것은 개인의 선택이며 자유다.

실업급여의 현실적 문제는 부정수급과 정당하지 못한 재수급이다. 이를 바로잡지 못하면서 개인의 소비 행태를 비난해서는 안 된다. 빈대 한 마리 때문에 초가삼간을 태우는 것보다 더 우스운 얘기다.

고용노동부 〈고용노동백서〉(2022년)가 밝힌 것처럼 고용보험기금의 악화는 '코로나19 확산으로 인한 실업률 증가'가 주요 원인이다. 또 성별, 연령대별, 산업별로 고용 중단 상황은 제각기 다를 수밖에 없다. 어쩔 수 없는 사회경제적 현상을 개인들(여성, 청년)의 책임으로 돌리는 것은 국가의 존재와 책임을 부정하는 것과 같다.

2022년 OECD 통계에 따르면, 한국의 고용보험 가입 노동자는 전체 노동자의 48%에 그친다. 가입 대상자지만 가입하지 않았거나 가입하지 못한 집단이 14%, 가입 자체가 허용되지 않는 집단이 38%에 이른다. 이는 한국의 고용보험 사각지대가 크다는 것을 의미한다. 실업급여 하한액이 높아 보이는 것 또한 최저생계비 인상에 따른 통계적 착시 현상일 뿐이다.

누군가의 생존이 힘을 가진 이들에게 희화의 대상이 되거나 정치적 목적의 희생양이 되어서는 안 된다. 그럼에도 한국 사회에는 비전문가적 비판과 비합리적 언행으로 사회적 약자들을 괴롭히는 이들이 많다. '시럽급여' 논쟁이 특히 그렇다.

국가의 건전한 재정과 국민의 복지 그리고 사회안전망은 동일한 차원의 문제가 아니다. 이를 혼동하면 국가의 책임과 국민의 생존이 분리된다. 특히 노동자 계층을 억압하고 부자감세나 법인세 인하를 주도하는 오늘의 정치 상황에서 노동자 계층의 소외는 비극적 현실이다.

회생·파산 신청자가 늘어날 때
법원의 대처 방법은?

만약, 사회경제적 위기가 장기화되고 경제적 어려움에 처한 한계채무자가 늘어나는 상황에서 앞의 실업급여 논란 같은 엉뚱한 문제가 제기되면 어떻게 될까? 경제적 상황은 개인의 책임이므로 극히 제한적 요건 아래에서만 회생·파산 신청을 받아야 한다는 주장이 제기된다면? 회생이나 파산을 신청한 사람이 그 이후에 또는 그 이전에 고급차를 타거나 해외여행을 다녀왔기 때문에 면책을 해줘서는 안 된다는 주장이 나오면?

각급 회생법원에 개인파산과 개인회생을 신청하는 이들의 수는 연간 14만여 명(2022년 7월~2023년 6월)에 이른다. 경제적 한계 상황인데도 제도적 도움을 받지 못하는 이들까지 포함하면 한계채무자 숫자는 헤아릴 수 없을지도 모른다. 이는 개인이 견뎌야 할 자본주의적 삶이 녹록지 않다는 것을 증명한다. 실직(혹은 부도)이 반복되고 경제 상황이 악화되면 결국 기댈 곳은 회생법원밖에 없다.

최근 사법부는 지속적인 경제 상황 악화로 회생법원 설치를 늘리는 정책을 추진하고 있다. 2023년 3월에도 기존 서울회생법원 외에 수원과 부산에도 회생법원을 설치했다. 추가로 광주, 대전, 대구에도 회생법원 설치를 요구하는 '각급법원의 설치와 관할구역에 관한 법률' 개정안이 국회에 제출된 상태다.

전국의 주요 지역에 회생법원을 추가로 설치하는 것은 경제적 한계 상황에 처한 채무자가 빠른 시일 안에 일상으로 복귀할 수 있도록 돕자는 취지다. 신속한 채무자 구제와 일상 복귀를 위해 전문 법원인 회생법원을 늘리는 정책은 근본적으로 옳다. 각 지역 소재 기업이나 주민이 보다 빠르게 도산 사건과 관련한 전문적인 사법 서비스를 제공받을 수 있기 때문이다. 회생·파산제도에 관한 다양한 찬반 논의에도 불구하고 회생·파산제도의 정당성은 이제 고유한 가치를 가진다.

개인파산을 신청하고 신용교육을 받기 위해 회생법원을 방문한 어느 채무자의 얘기다. 신용교육은 채무자의 채무조정을 지원하기 위해 설립된 신용회복위원회와 회생법원이 연계해 개인회생·파산자를 대상으로 실시하는 금융 교육이다.

"나름 열심히 살려고 노력했어요. 돈 많이 벌어 부자 되는 게 마음대로 되었다면 아무런 걱정이 없었겠죠. 그렇지만 세상일이라는 게 마음대로 안 되잖아요. 뻔한 소득 가지고 이리저리 땜빵하다 보면 빚만 늘게 되고…."

"정치하는 사람들이 언급한 해외여행이고 사치품이고 하는 건 모두 별나라 사람들 얘기예요. 그야말로 하루 벌어 하루 먹고살기도 힘든 상황에서 애들 학원비는 꿈도 못 꾸죠. 어쩌다 사준 치킨을 맛있게 먹는 아이들을 보면 부모로서 죄책감이 들기도 합니다. 회생·파산제도가 없었다면 어디 가서 사람 취급도 받기 힘들었을 거예요."

채권자 입장에서 회생·파산제도는 도덕적 해이를 부른다는 비판을 받을 수밖에 없다. 또 개인파산이 지속적으로 증가하면 금융기관의 부실이나 국가 경제의 위기로 이어질 가능성이 크다고 말한다. 이런 까닭에 법원에서는 회생·파산제도를 채무자에게 우호적으로 운영하면서도 부정적 파급효과에 대한 우려를 가지고 있다.

경제적 자기결정권과
국가와 제도의 사회적 책무를
다시 돌아보는 것

자본주의 시스템 아래에서 개인은 자기 능력과 자기 결정권에 기반을 둔 삶을 선택할 수 있다. 하지만 개인이 대처할 수 없는 사회경제적 상황에 대해 책임을 물을 수는 없다. 국민의 삶과 관련된 사회경제적 문제에 답을 내는 것은 일차적으로 정치와 정부의 역할이라는 명제는 여전히 유효하다.

한국 사회는 '실직자' '파산자'라는 낙인으로부터 자유롭지 않다. 파산제도를 먼저 도입한 미국에서는 파산이 주를 이루고 회생은 예외인 반면, 한국에서는 회생이 주를 이루고 파산이 예외가 되고 있다. 이는 사회적으로 낙인찍히는 걸 두려워해서일 것이다.

실업급여에 관한 비판은 부정수급이나 마땅히 받아야 할 이들이 받지 못하는 구조적 문제(사각지대)에 초점을 맞춰야 한다. 이는 법원이 정당한 회생·파산 신청은 신속히 처리하고, 이를 악용하는 사례는 엄격한 기준으로 걸러내는 것과 같다. 각종 제도의 수혜를 받는 이들을 불합리한 이유로 비난하기보다 사회로부터 보호받아야 할 이들이 소외되는 상황을 먼저 살펴보는 것이 국가의 정당한 책무 아닐까?

사회경제적 제도는 개인의 삶을 억누르고 희생시키면서까지 사회 전체의 공익(?)을 도모해서는 안 된다. 간섭과 통제에 기초한 닫힌 정부보다는 이성과 토론을 전제로 하는 열린 정부의 적극적 역할이 필요한 때다.

한국 사회의 약한 고리를
떠받치는 것들

■ ■ ■

지하철 광고로 읽는
한국 사회의 오늘

토요일 저녁 8시 30분. 서울 지하철 3호선 수서역에 정차한 오금행 1번 객차. 운전실에서 기관사 한 분이 내리고 다른 분이 올라탔다. 빈틈없는 기관사들의 교대근무 시간. 3호선은 오금역에서 대화역까지 장장 44개 역을 운행한다. 서로 반갑게 인사를 나누고 임무 교대를 하는 이들의 모습은 자못 숭고하다. 한국 사회는 이처럼 평범해 보이는 일상의 노동이 있기에 유지되고 존속한다.

매일 지하철을 이용하다 보면 기관사분들의 노고와 헌신을 당연하게 생각한다. 평소에는 별생각이 없다가도 응급환자가 발생하거나 특별한 조치가 필요할 때 그분들의 존재감은 두드러진다. 시민들이 편안하게 출퇴근을 하고 안전에 대해 걱정하지 않는 건 그분들의 보이지 않는 노력 덕분이다.

수도권 교통 중 최고는 단연 '지하철'이다. 공식 용어는 도시철도법에 근거한 '도시철도'지만, 지하철이라는 명칭이 더 친숙하다. 한국의 지하철은 세계 어느 나라와도 비교할 수 없을 정도로 촘촘하고 편리하게 설계되어 있다. 이른 새벽부터 밤 늦은 시간까지 시민들의 발이 되어 분주히 움직인다.

얼마 전 프랑스 파리의 지하철 환경에 대한 보도가 있었다. 파리는 여행자들에게는 로망이지만, 지하철은 온갖 악취 때문에 파리지앵들은 주로 자전거 출퇴근을 선호한다는 내용이었다. 그만큼 환경이 좋지 않다는 얘기다. 최근 '빈대와 전쟁 중인 파리 지하철'이라는 문구가 새롭게 떠오른 걸 보면 한국처럼 쾌적한 환경은 아닌 게 분명하다.

지하철 광고에서 읽는
삶의 단면들

그 사회가 어떤지 보기 위해 가야 할 곳이 몇 군데 있다. 첫째는 시장이고, 둘째는 대중교통이며, 셋째는 공공기관이다. 이 장소들은 그곳 사람들이 어떻게 존재하는지, 그 사회의 시스템이 어떻게 돌아가는지 보여준다. 세 곳 모두 시민의 삶과 가장 밀접하다.

서울 지하철은 하루 평균 700만 명 이상이 이용한다. 출퇴근 시간에 '지옥철'이라 불리기도 하지만, 수많은 시민을 실어나르며 수도권 지역 경제의 동맥 역할을 한다. 대규모 유동인구 덕분에 지하철의 하루 이용 데이터는 마케팅 전략을 짜려는 관계자들에게 상업적 영감을 제공하기도 한다. 지하철이 광고와 홍보의 창구이자 요람인 것이다.

TV 같은 매체는 주로 대기업들이 소비자층이 광범위한 상품을 광고하는 데 이용한다. 반면 지하철이나 버스, 택시 같은 대중교통 광고판은 주로 중소기업들이 이용하는데, 의료나 교육 분야의 소비층을 겨냥하는 광고가 다수지만, 특수한 분야를 홍보하는 데 사용되기도 한다.

지하철을 이용하다 보면 사회경제적 상황에 따른 광고물의 변화가 눈에 띈다. 각종 광고는 경제 흐름이나 주요 트렌드를 상징한다. 2010년대 초반에는 지하철 내외부에 갑자기 이런 광고가 붙기 시작했다.

"개인회생·파산 단돈 50만 원에 책임 면책 보장"(지금은 이렇게 광고하지는 않는다.)

다소 자극적인 문구로 서초동이나 교대 인근 사무실의 전화번호가 적힌 광고판이 지하철 객실에 많이 달렸다. 아마도 대내외적 경제 여건이 악화되면서 한계 상황에 처한 이들이 늘어난 까닭이었을 것이다(생각해보면 서민의 삶이 행복했던 적이 있었을까?).

그다음은 성형외과나 피부과 같은 병원 광고, 요양원이나 요양병원 광고, 주택분양 광고, 보험 광고 등이 시대 트렌드에 맞게 광고판을 장식했다. 지하철 노선에 따라 서로 다른 광고가 게재된 걸 보면 이용객 수요를 예측하는 맞춤형 시장이 형성되어 있었던 것 같다.

최근에는 교육 관련 광고가 압도적이다. 각종 시험과 자격증에 관한 광고가 많다. 저마다 합격률 1등이라는 타이틀을 내걸고 수많은 수험생을 유혹하고 있다. 그만큼 먹고살기 힘든 세상이 되어가고 있다는 반증일 것이다. 평생직장이 사라지고 조기 퇴직자가 많아지면서 각종 자격증에 쏠린 눈길이 연령대에 관계없이 증가하고 있다.

다양한 수요가 공급을 부르고, 욕구 충족을 부추기는 공급은 다시 수요를 창출한다. 돌고 돌아가는 세상의 만화경을 보면 그만큼 경쟁이 치열하다는 걸 알 수 있다. 시장이 협소하고 수요자가 적은 경우 광고는 크게 의미가 없다. 최근 이혼이나 회생·파산, 노후 준비와 자격증 시험 관련 광고가 많아지는 것은 그만큼 시장이 확장되고 있다는 뜻이다. 그 광고시장은 우리의 고통과 맞닿아 있다.

다시 증가하는
법률시장 광고

세상은 점점 힘없는 이들이 살아가기 힘든 구조로 바뀌고 있는 듯하다. 정보는 강자에게 집중되고 있고, 약자들은 두려움과 공포에 더 취약한 존재가 되어가고 있다. 국가는 시민을 지배하기 위해, 기업은 자기 상품을 팔기 위해 '공포Fear'와 '불확실성Uncertainty' '의심Doubt'을 중요한 마케팅 수단으로 사용한다. '퍼드FUD'는 이들의 머릿글자를 딴 합성어로 다양한 상황에서 전전긍긍하는 상태를 말한다. 주로 급변하는 시장 상황, 주식이나 가상화폐의 흐름, 가짜뉴스 양산 등이 이 범주에 포함된다.

로또 광고가 많아지면 더 많은 사람이 로또를 구입할까? 효과는 있겠지만 일시적일 것이다. 로또는 퍼드와 관계없는 희박한 확률의 희망을 주기 때문이다. 다만 회생·파산 신청이나 이혼 신청, 병원 홍보가 늘어나는 것은 한국 사회의 어딘가가 아프다는 신호일 수 있겠다. 욕망 과잉과 욕구 충족의 실패는 늘 동전의 앞뒷면처럼 붙어 있다.

이 광고들을 보면서 '비용은 어떻게 하지?'라는 의문이 생겼다. 경제적 한계에 다다른 이들이 회생·파산 신청 비용 200여만 원 이상을 일시에 마련하는 것은 쉽지 않다. 눈에 보이는 비용보다 보이지 않는 비용도 있을 텐데 어떻게 해결하고 있을까? 자칫 비용을 마련하기 위해 다시 빚을 져야 하는 악순환의 고리에 빠지는 건 아닐까?

세간에는 법률대리인 측에서 편법으로 소송(신청)비용 마련을 알선하거나 중개한다는 소문도 들린다. 그런데 이 문제를 해결하기 위해 소송비용을 낼 여력이 없는 이들에게 도움을 줄 소송구조제도가 존재한다. 소송구조는 소송비용을 지출할 경제적 능력이 부족한 사람에 대해 법원이 당사자의 신청이나 직권으로 재판에 필요한 비용의 납입을 유예하거나 면제해주는 제도다.

소송구조 대상은 민사, 행정, 가사, 본안 소송은 물론이고 독촉사건이나 가압류·가처분 신청사건도 해당한다. 당연히 회생·파산 신청도 포함된다. 소송구조로 받는 비용은 일반적으로는 인지대, 변호사 보수, 송달료, 증인 여비, 감정료 같은 재판비용이다. 다만, 회생·파산 사건에서는 변호사 비용과 송달료에 한한다. 공고료, 인지 등 절차비용은 본인이 부담해야 한다.

회생·파산절차에서
소송구조는 어떻게 되어 있을까?

일반적인 소송구조는 신청인의 무자력과 승소 가능성이라는 두 가지 요건이 필요하다. 무자력은 통상 재산관계진술서를 통해 판단하고, 승소 가능성은 패소할 것이 분명하지 않을 때 인정되는데, 법원이 재판 절차에서 나온 자료로 판단한다.

개인회생·파산 신청사건에서는 일반적인 소송구조의 요건과 달리 승소 가능성을 따지지 않고 소송구조 대상자를 특정한다. 주로 기초생활수급자, 한부모가족, 60세 이상, 장애인 등이 대상이 된다. 대상자임을 증명하려면 개별 법령에 따라 자신이 소송구조 대상자라는 것을 증명하는 증명서를 제출해야 한다.

소송구조 대상자 절차를 이용해 변호사가 지정되면 그 변호사는 소송 제기, 개인회생·파산 신청만이 아니라 그 절차가 종료될 때까지 계속해서 소송구조 대상자를 지원한다. 소송구조제도는 비용 때문에 머뭇거리거나 주저하는 한계채무자들이 보다 신속하게 회생·파산 신청을 할 수 있게 함으로써 사법 서비스에 대한 접근성을 향상시킨다.

대법원은 '소송구조제도의 운영에 관한 예규'를 개정해 이를 이용할 수 있는 채무자 범위를 국민기초생활보장법상 기준 중위소득 60% 이하에서 75% 이하로 확대했다. 이는 경제적 위기에 처한 채무자가 적시에 회생·파산제도를 이용할 수 있도록 하려는 조치다. 그동안 예산 부족으로 이용률이 저조해 소송구조제도의 실효성이 낮다는 비판을 받아왔는데, 향후 예산을 안정적으로 확보하려는 노력과 이용자의 범위를 확대한다면 한계채무자들에게 큰 도움이 될 것이다.

또 2022년 11월부터는 신용회복위원회 경유사건 가운데 일정 사건에 대해서는 신용상담보고서를 참조해 파산관재인 선임 없이 파산선고와 동시에 폐지 및 면책이 이뤄지는 '신속면책 절차'를 실시하고 있다. 그 대상은 취약계층으로 보유재산이 거의 없는 기초생활수급자, 70세 이상의 고령자, 중증장애인 등이다. 이 제도는 취약 채무자들이 파산관재인 예납비용조차 납부하기 힘든 경우가 많아 파산관재인 선임 없이도 절차를 신속하게 진행할 수 있도록 한 것이다.

우리 법 시스템이 더 따뜻해질 여지(제도)가 존재한다는 것은 무척 다행이다. 더 낮은 곳에서 더 약한 이들을 위한 제도를 만들어내는 것은 지하철 운행만큼이나 숭고한 작업이다.

희희낙락으로 살아 움직이는
지하철이 되기를 바라면서

누구에게나 희로애락喜怒哀樂은 당연지사다. 그럼에도 우리는 희희낙락喜喜樂樂을 꿈꾼다. 분노하고 갈등하며 슬픈 상황이 생략된 시공간, 다소 번잡해 보이지만 하루의 시작과 끝이 있는 화수분의 장소, 바로 지하철이 아닐까. 성실한 누군가의 땀과 열정이 수많은 H빔처럼 시민의 발과 안전을 떠받치고 있다.

지하철을 타면 책을 꺼내든다. 25분가량 이동하는 동안 몇 페이지 읽지는 못하지만, 몰입감은 단연 으뜸이다. 적당한 흔들림과 백색소음, 타인의 눈을 의식하지 않고도 나만의 리추얼을 행하고 있다는 만족감은 상당하다. 책과 사람을 보고, 읽고, 생각하고, 메모하고, 고민하는 자투리 시간은 지하철만이 줄 수 있는 최고의 순간이다. 나만의 의식에 집중하다 때때로 내려야 할 역을 몇 개 지나치기도 하지만.

퇴근 시간의 지하철 임산부석에서 한 임산부가 노트북을 꺼내 들었다. 손놀림이 예사롭지 않다. 컴퓨터 프로그램을 짜는지 검은 화면에 파랗고 노란 숫자와 글자가 빠르게 새겨졌다. 저 모성母性에서 우리 미래가 태어나고, 저 손끝에서 우리 삶을 유익하게 해줄 무언가가 나오겠다는 생각이 스쳤다.

어느 노선을 타더라도 외국인이 눈에 많이 띈다. 편하게 대화를 나누는 그들을 보노라면, 우리 지하철 환경이 불편하지 않은 건 분명해 보인다. 지하철이 시민의 발인 것처럼 우리의 법과 제도 역시 어려움에 처한 시민의 손발이 되었으면 한다. 나아가 따뜻한 심장과 섬세한 손길로 시민의 일상을 지탱하는 H빔 같은 정치를 보고픈 바람 또한 크다.

브랜드 빵집 창업에서
개인회생 신청까지

■ ■ ■

자영업자들의 명암 속에
우리의 저녁이 있다

엄마 손맛을 낸다는 반찬가게 옆에 빵집이 있었다. 이름만 대면 누구나 아는 브랜드 빵집. 신도시 내에 몇 안 되는 빵집이어서 처음에는 손님이 제법 많았다. 문전성시까지는 아니어도 이른 아침부터 빵 굽는 냄새에 이끌린 손님부터 늦은 저녁 허기를 채우는 학생들까지 줄을 이었다. 특히 에그 샌드위치와 찹쌀로 만든 도넛이 인기였다.

개업 초기부터 주인이 직접 빵을 굽고 커피를 내렸다. 반찬가게에서는 집에서 만들기 힘든 반찬거리를, 빵집에서는 입맛을 돋우는 빵 몇 가지씩을 사곤 했다. 갓 구운 빵과 커피를 마시며 담소를 나눌 수 있는 테이블도 여럿 있었다.

"어! 여기 ○○빵집 어디로 갔지? 지난주까지도 있었는데."

순간 이 거리가 아닌가 싶어 고개를 돌려보았지만, 틀림없이 그 길목이었다. 개업한 지 7년이 지난 어느 여름날 빵집 간판은 사라졌고, '임대 문의'라는 공인중개사 광고가 유리창에 여러 개 붙어 있었다. 브랜드 빵집을 하나 개점하는 데는 최소 4억 원 이상이 든다. 인건비나 임대료, 인테리어 비용까지 합하면 꽤 큰돈이 들어가는 사업이다. 사업을 하겠다는 마음을 먹는 것도 쉽지 않겠지만, 접는 것은 더더욱 힘든 일이다.

아마도 유사 경쟁업체의 증가와 코로나19라는 벽 때문에 영업을 유지하기 어려웠을 것이다. 특히 신도시 내 신축 빌딩 1층이라는 목 좋은 장소는 임대료가 높아 매출이 어느 정도 보장되지 않는 이상 버티기가 어렵다. 코로나가 한창일 때는 이 시기만 지나면 나아질 거라는 막연한 희망이 있었겠지만, 막상 포스트 코로나 시대가 되었는데도 상황은 나아지지 않은 듯했다. 3고 현상과 경기침체에 따른 소비심리 위축이 대표 원인이다. 참아왔던 보복 소비도 해외여행이나 일부 업종에서만 빛을 낼 뿐 골목상권에는 냉랭한 기류만 흐른다.

본사 보증금과 임대 보증금을 마련하기 위해 집을 담보로 대출까지 받았다면 사업 중단은 가계 경제에 큰 타격을 줄 수밖에 없다. 그 빵집은 건너편 아파트에 살던 주민이 운영했던 곳이라 사정을 아는 지인에 따르면, 주인은 회생법원에 개인회생을 신청하고 다른 업종으로 변경을 고려하고 있다고 한다.

개인회생 신청과
업종 변경을 고민하는 친구

무더운 여름날 오후. 바깥 기온은 37도를 기록하고 있었다. 서울회생법원을 찾은 자영업자 A는 열기 가득한 복도에서 땀을 식히고 있었다. 오래된 건물인지라 일하는 공무원들도 더위에 지치기는 마찬가지. A는 뉴스타트 상담센터에서 회생 신청에 관한 상담을 마치고 친구인 직원을 기다리는 중이었다. 회생위원실에서 캔 커피 두 개를 든 친구가 나오자 이야기꽃이 피어났다. 자주 만나는 사이로 보였다.

"얼굴빛이 안 좋네. 요즘 어떻게 지내?"

"나야 뭐, 그럭저럭 살지. 이번이 세 번째 업종 변경이었는데, 잘 안 되네…"

"지난번 만났을 때는 어렵다는 얘기 안 했잖아."

"친구들한테 장사 안 된다고 말하는 것도 좀 그렇잖아."

남도의 농촌마을 중학교 동창인 두 사람은 오래된 친구의 전형적인 모습을 보여주었다. 질문과 답변이 간단명료했다. 오가는 문장에 부가적인 설명은 없고, 군더더기 없는 대화만 계속되었다. 말과 말 사이의 적절한 침묵에도 불편함이 없어 보였다. A는 오랜 고민 끝에 법원에 근무하는 친구의 권유로 회생법원을 방문해 상담을 받은 것이다.

"상담은 잘 받았어?"

"처음에는 떨려서 오기 싫었는데. 막상 와서 얘기를 듣고 보니 숨통이 트이는 것 같네. 허허허."

두 친구의 대화 사이로 웃음과 사람들이 오갔다. 복도를 울리는 다급한 발소리와 누군가의 전화통화 소리에도 두 사람의 대화는 끊이지 않았다.

"요새 자영업 하는 분들은 파산 신청을 많이들 하지만, 회생 신청을 통해 영업을 계속하려는 분도 많아."

"나도 상담하는 분 말과 자네 얘기를 듣다 보니까 개인회생을 할지, 대출금 상환유예 신청을 해서 장사를 계속할지 고민이야! 사실 아이들에게 아빠가 무기력하게 포기하거나 쫓기며 사는 모습을 보여주고 싶지는 않거든."

"음. 자네 생각이 옳아. 우리가 제도의 도움을 받는 건 최후의 수단이고, 내 의지나 능력으로 해결할 수 있는 것은 헤쳐 나가는 게 바람직하지."

벼랑 끝에 내몰린
자영업자들의 빚 폭탄

최근 계속된 임대료 상승에 고이자, 고물가 행진까지 이어지자 자영업자들의 아우성이 임계점에 도달한 듯하다. 영업소득자인 자영업자들은 임금소득자에 비해 경기 변동에 민감하고 취약하다. 계속 불어나는 빚에 맞서 자영업자들은 경기가 회복하고 소비 심리가 부활하면 곧 갚을 수 있다는 희망을 가지고 있지만, 최근 경제 상황은 그 희망마저 놓아야 하는 구조로 바뀌고 있는 듯하다.

'다중채무자'는 3개 이상의 금융기관으로부터 대출을 받은 사람을 말한다. 자영업자 가운데 70% 이상이 다중채무자다. 다중채무자의 1인당 평균 대출액은 2023년 4분기 기준으로 4억 2000만 원가량이다. 자영업자들의 다중채무는 한꺼번에 경제적 위기가 닥칠 경우 엄청난 사회적 비용을 치러야 할 재난이 될 수 있다.

한국은행 〈금융안정보고서〉(자영업자 부채의 취약 요인 및 연체 가능성 점검)와 통계에 따르면, 자영업자 대출 규모는 2022년 말 1020조 원대를 넘어 2023년 1분기에는 1033조 7000억 원에 달한 것으로 집계되었다. 이는 코로나19 이전인 2019년 684조 9000억 원보다 50% 정도 늘어난 액수다. 자영업자의 중복 대출은 경제 불안의 뇌관이자 연쇄 부실의 트리거가 될 가능성이 아주 높다. 이 가운데 다중채무 중인 자영업자의 잔액은 730조 원에 이른다. 어렵게 빌린 돈으로 앞서 빌린 돈을 갚고 있는 모양새다.

한국은행은 같은 보고서에서 "자영업자는 임금근로자 등

비자영업자에 비해 부동산 가격 하락에 취약하고, 높은 원리금 상환 부담, 단기 및 일시 상환 중심의 부채구조가 리스크 요인으로 잠재하고 있다"면서 "향후 높은 대출금리 부담이 지속되는 가운데 예상 밖의 경기회복 지연, 상업용 부동산 부진 등이 발생할 경우 취약 부문을 중심으로 연체 규모가 확대될 위험이 있다"라고 경고했다.

개인회생 통계로 본
자영업자 보고서

개인회생 신청을 위해 법원을 방문한 자영업자들 얘기를 들어보면, 영업과 생계를 위해 월세를 지불하는 게 아니라, 월세를 지불하기 위해 장사를 하는 것 같다고 말한다. 심지어 본업만이 아니라 부업까지 해야 하는 이중·삼중의 고충을 토로하기도 했다.

비슷한 스토리가 양산되는 자영업자들의 애환을 언제까지 두고 봐야 할까? 정부는 이를 개인의 능력 탓이나 불행으로 치부하고 강 건너 불구경하듯 방치해서는 안 된다. 서울회생법원의 자영업자 관련 통계를 봐도 상황이 만만치 않다. 자영업자인 영업소득자 채무자의 2022년 채무 총액의 중위값은 약 1억 1402만 원으로 급여소득 채무자의 중위값인 8508만 원보다

34% 정도 더 많다. 영업소득 채무자 가운데 채무액이 4억 원을 초과하는 비율도 2276건 중 164건인 7.2%에 달한다.

영업소득 채무자의 월수입에 관한 2022년 중위값은 약 195만 원이고, 월수입 150만 원 이하도 19.2%에 달한다. 이는 2022년 전체 채무자 중 월수입 중위값이 209만 원, 150만 원 이하는 13%인 것과 비교했을 때 영업소득 채무자들의 경제 상황이 급여소득 채무자들에 비해 취약한 것으로 분석된다.

2023년 9월 말에는 85조 원 규모의 자영업자 코로나 대출금 상환유예 조치의 종료가 예정되어 있었다. 금융권이나 언론에서는 이 시점에 자영업자들의 대규모 파산이 있을 것이라는 우려를 계속 제기했다. 경제적 파탄 가능성이 있는 고위험 취약계층인 자영업자의 신용 리스크를 해소하는 것이 당시 가장 먼저 해결해야 할 중요 과제였다.

결국 금융당국은 2023년 8월 29일 "향후 3년 동안 일괄적으로 만기연장 조치를 취했고, 상환유예도 9월에 대출금을 일시에 회수하는 게 아니라 은행과 협의하도록 한 상환계획서에 따라 향후 3~4년에 걸쳐서 대출금을 나눠 갚기로 되어 있는 상황"이라면서 연착륙이 가능하다고 내다봤다(이세훈 금융위원회 사무처장).

자영업자의 '생존 편향'에
가려진 존재 증명

자영업자 수가 계속 늘어나고, 대표 격인 '치킨집'이 줄지 않는 것은 일종의 '생존 편향'이 원인일 수 있다. 자영업자 수가 외국에 비해 몇 배나 많은데도 계속 증가하는 이유다. '생존 편향'은 영업에 실패한 이들은 쉽게 잊히고, 성공한 생존자들 사례에 집중하는 경우를 말한다. 실제로 자영업을 시작하는 사람 대부분은 자신만의 낙관론과 눈에 보이는 성공사례에 대한 일반화의 오류를 범한다. 이는 경쟁과 선택이 필요한 모든 영역에서 발생하는 현상이다.

새로운 가게를 열면 이른바 '개업빨'로 반짝 효과를 누린다. 그러나 신장개업에 대한 기대와 새로운 상품에 대한 만족은 그리 오래 가지 않는다. 바로 그 옆에 새로운 가게가 계속 생기기 때문이다. 소비자 입장에서 신장개업에 묻힌 폐업은 눈에 들어오지 않는다. 문 닫은 가게의 시름이나 고통은 새로 문을 연 가게의 화환과 네온사인에 가려진다.

다행히 단골 반찬가게는 여전히 각종 나물과 김치, 전과 밑반찬을 만들어 팔고 있다. 해질 무렵이면 퇴근하는 주민들이 이곳에서 저녁거리를 사 총총거리는 발걸음으로 집으로 향한다. 대부분의 자영업은 자신들의 생계는 물론 시민들의 일상과 밀접하게 관련되어 있다. 그들의 존재와 부존재 사이에 평범한 가정의 저녁이 있다.

경제 파탄에도 회생·파산 신청을
주저하는 이유

■ ■ ■

망설임과 주저함에서 읽는
공리주의적 과제들

회생위원 3년차인 A사무관은 최근 고민에 빠졌다. 타인의 불행을 심사하는 자신의 업무 때문에 심리적 한계에 다다라서다. 배우들이 영화나 드라마에 출연하고 오랫동안 그 역할에서 벗어나지 못하듯, 업무가 주는 어두움이 A의 어깨에 스며든 것이다. 자기도 모르게 느끼는 연민과 심리적 거부감, 하나의 상황에서 생기는 모순과 결정의 딜레마가 A사무관에게 뜻하지 않은 철학적 고민을 안겨주었다. 그는 볼멘소리로 혼잣말을 하곤 했다.

"내 삶은 무엇을 위해 존재하고, 나는 왜 살아가지?"

"도대체 행복은 무엇이고, 특정 개인들은 왜 고통스러운 현실을 마주할까?"

"자본주의 시스템은 사회적 약자들을 위해 잘 작동되고 있는 걸까?"

"회생법원을 찾는 이들이 보이는 주저와 망설임은 무엇 때문일까?"

자주 대화하는 사이라 차근차근 실마리를 찾아 생각의 나침반을 켰다. 삶의 목적, 행복, 자본주의, 사회적 약자에 대해.

현실 정치의 목적과 사회생활을 하는 개인의 목표는 사실 같다. 잘 먹고 잘사는 것. 그것을 위해 국가와 사회 시스템, 법과 제도가 존재한다. 흔히 말하는 도덕정치로 인한 태평성대와 개인의 자아실현의 보람과 기쁨도 배부른 다음의 일이다. 물론 여기서 배가 부르다는 것은 육체와 정신의 만족을 포함한다.

배부른 돼지와
배고픈 소크라테스

"배부른 돼지보다 배고픈 소크라테스가 낫다"라는 표현은 양적 공리주의라고 불리던 제러미 벤담의 주장에 반론을 제기한 존 스튜어트 밀의 철학이다. 벤담은 쾌락의 양과 질을 따지지 않고 그것을 더 많은 사람에게 주는지 여부만 중시했다. 하지만 질적 공리주의자 밀은 쾌락을 인간의 쾌락과 동물의 쾌락으로 나누고, 양자 중 질적으로 더 높은 인간의 쾌락이 더 바람직하다고 주장했다.

평범한 우리는 IQ가 180 이상으로 추정되고, 세 살 때부터 철학자를 꿈꾸던 천재 밀의 주장에 동의하기 전에 이미 경험으로 알고 있다. 단지 육체적으로 배부른 상태가 진정한 쾌락과 행복을 주지 않는다는 것을. 내면의 만족까지 충족되었을 때 비로소 행복이 완전함을 갖춘다는 것을. 밀의 주장은 몇 가지 문제가 있긴 하지만 자본주의 사회와 그 속에서 살아가는 이들의 행복론에 큰 영향을 끼치고 있다.

우리의 경제활동은 자본주의적 유토피아까지는 아니어도 '밀의 행복론'을 지향한다. 초등학교에서 시작해 고등학교와 대학교를 거쳐 취업에 이르기까지 고달픈 여정을 감내하는 것은 '배부르고 따뜻한 삶'이라는 목적 때문이 아닐까? 배부름이라는 욕망이 결집된 자본주의적 삶은 경쟁과 성공을 신성시한다. 성장이 우리를 행복으로 이끈다는 모토는 끊임없는 개인의 노력을 요구한다. 자본주의라는 내비게이션이 제시하는 경로를 이탈하지 않아야 성공에 이를 수 있다고 개인들을 계속 종용한다. 하지만 공정한 게임을 위한 공평한 기회와 무기의 평등은 결코 주어지지 않는다. '각자도생'이라는 무서운 현실 속에서 개인의 삶은 숱하게 경로를 이탈하거나 자의반 타의반 삶을 포기하기에 이른다. 그리고 이는 자본주의 사회(시스템)의 실패가 아니라 개인(능력과 노력)의 실패로 귀결된다.

자본주의적 삶에서의
마지막 키워드

치열한 생존 경쟁에서 탈락하거나 밀려난 이들이 가장 많이 찾는 키워드는 실직과 실업급여, 회생·파산, 새출발이다. 한 개인의 사회경제적 삶과 경쟁의 부정적 결과가 절망과 돈으로 점철되는 순간이다. 삶의 과정과 성취가 경제적으로만 평가되고 수렴되는 것은 바람직하지 않지만, 적어도 육체적 배고픔을 달래는 게 먼저라는 점에서는 어쩔 수 없는 선택이다.

서울회생법원이 2017년 전문법원으로 개원한 이래 각 고등법원 관내로 회생법원이 하나둘 들어서고 있다. 법원 조직이나 (예비)회생·파산 신청자들에게는 좋은 소식이겠지만, 이 현상을 마냥 반가워할 수만은 없다. 우리 사회에 경제적 곤궁에 빠진 이들이 점점 많아진다는 분명한 지표이기 때문이다.

2022년 7월부터 2023년 6월까지 전국 법원에 신청된 개인파산 접수 건수는 4만 1626건이고, 그중 서울회생법원에 접수된 건수는 8952건이다. 또 개인회생 접수 건수는 각각 9만 3171건, 2만 2619건이다.

전국 회생법원의 개인파산·개인회생 신청 건수만으로는 한계채무자의 실체를 파악한다고 장담할 수 없다. 실제 경제적 파탄에 이른 채무자의 비율은 공식적인 통계 너머에 있을 가능성이 크기 때문이다. 미시적·거시적 경제적 어려움의 파도는 늘 취약한 고리가 먼저 맞이하기 마련이다.

채무자들이 경제적 한계에 처했을 때 반응은 다양하다. 대개는 각기 다른 활로를 모색하거나 파탄의 원인을 해결하기 위해 발버둥친다. 누구나 처음부터 개인회생이나 개인파산을 떠올리지는 않는다. 누군가는 이런 제도의 존재를 모른 채 발을 동동 구르기도 한다. 어쩌면 회생·파산을 떠올리는 것이 가장 마지막 순간일 수도 있다.

경제적 파탄 시기부터 파산 신청을 하기까지의 기간을 살펴보면 망설임과 주저함이 보인다. 서울회생법원의 2022년 통계를 보면, 동일연도나 1년 이내에 조기 파산 신청을 한 경우는 31.85%, 파탄 원인이 발생한 때로부터 6년 이후에 파산 신청을 한 경우는 45.26%다. 4~5년 사이 신청자까지 합하면 고민 끝에 파산을 신청한 한계채무자의 비율은 55.06%에 달한다.

한계채무자가 회생·파산 신청을
주저하는 네 가지 이유

첫째는 '도덕적 양심'의 문제다. 개인파산을 선택하면 선의의 채권자에게 일방적으로 피해를 주기에 이로 인한 죄책감이나 심리적 불편함이 가장 먼저 떠오른다. 타인에게 돈을 빌린 뒤 갚지 못했다는 것을 스스로 용납할 수 없는 도덕적 선함 때문이다. 규범적 도덕의 기준에서는 파산을 '도덕과 성실함의 실패'로 볼 여지가 있다.

또 법과 제도를 활용해 자신의 경제적 이익을 도모하는 '도덕적 해이'를 활용한 사람으로 보일 수 있다는 선입견 때문에 주저하기도 한다. 사실 양심의 문제는 개인이 극복해야 할 영역이다. 사회적 낙인은 제쳐두고, 법률적 제한을 받지 않는데도 마음속 두려움 때문에 갱생할 최적의 골든타임을 놓친다면 더 큰 후회를 불러올 수 있다.

둘째는 '사회적 시선과 낙인'의 문제다. 파산이라는 사회적 낙인은 예전에는 호적에 붉은 줄이 그어진다는 얘기까지 돌 정도로 꺼리는 일이었다. 지금도 신용불량에서 파산선고까지의 과정에서 경제활동에 제한을 받는다. 채무자회생법에서는 파산선고로 불이익을 받아서는 안 된다고 규정하고 있지만 이는 선언적 규정에 불과하다.

몸에 주홍글씨를 새기고 사는 것 같은 느낌 때문에 회생·파산은 마치 지금까지의 사회생활이 부정당하는 느낌을 줄 수 있다. 면책이 되면 파산선고로 인한 각종 불이익이 복권되지만, 현실에서는 그 부정적 파급효과가 꽤 오랫동안 지속된다. 특히 파산선고가 신용 전과가 되어 새출발을 하는 데 큰 장애가 된다는 관념이 뿌리 깊게 남아 있다.

셋째는 '법원 출석의 불편함'에서 온다. 신청인들에 따르면, 재판정에서 자기 사정을 구구절절 토로해야 하는 심리적 부담이 무척 크다고 한다. 마치 자기 죄를 인정하거나 변명처럼 들리는 이야기를 해야 하는 상황은 공황장애를 유발하기도 한다.

법원은 다른 관공서에 비해 부담이나 불편함이 큰 공공기관이다. 소송이나 각종 사건을 신청하기 위해 드나들지만 사람들은 가급적 피하고 싶어 한다. 법정에서 판사가 진행하는 절차에 따라 자기 사정을 변론하거나 억울함을 호소해야 한다는 부담감 때문이다. 생경한 법정에서 생면부지의 사람들에게 자기 인생사를 공개적으로 드러내는 것도 그렇지만, 나아가 그 상황이 패소로 귀결될 수 있다는 두려움도 클 것이다.

넷째는 드러내기 힘든 '비양심적 동기'에서 온다. 그래서는 안 되겠지만, 회생·파산제도를 재테크 수단으로 악용하는 경우다. 채무를 면할 목적으로 고의로 경제적 파탄에 이르는 사례가 여기에 해당한다. 또는 적극적으로 소득을 숨기거나, 재산을 은닉하거나, 갚을 의사 없이 빚을 얻는 것 같은 기망행위를 통해 경제적 파탄에 이른 경우도 마찬가지다.

신청인의 정직함이 의심받을 때는 예외적으로 판사가 심문을 통해 신청 자격과 면책받을 자격이 있는지 여부를 결정할 수도 있다. 실제 파산선고를 받더라도 면책을 거부당한 사례가 존재한다. 신청인의 비양심적 동기가 서면 심사에서 드러나서다.

이 상황을 미리 예상한다면, 자신의 정직하지 않은 양심과 행동 때문에 신청을 주저할 수 있다.

사회적 낙인과 불이익은 양심의 차원과 달리 제도적 개선이 필요한 부분이다. 파산선고나 회생 정보가 각종 불이익으로 존재하는 현행법과 제도에 대한 인식을 전향적으로 바꾸어야 한다. 또 회생·파산절차에서는 법원에 출석하는 부담을 가질 필요가 없다. 회생·파산절차는 비송 영역이고 대부분 서면 신청과 서면 심사로 종결되어서다. 신청도 대리인을 통해 개인이 준비해야 할 서면을 건네주면 족하다. 법정에서 변론해야 할 일이 거의 없고, 판사가 심문하거나 면담을 요청하는 경우는 극히 드물다.

여전히 타당한
공리주의적 과제들

주저하며 회생법원을 방문하는 채무자들을 보면서 이런 생각이 들었다. 철학적 공리주의는 여전히 타당할까? 생각해보면, 벤담이든 밀이든 인간의 행복을 위한 공리주의의 명제는 언제든 우리에게 타당하다. 적어도 국가에는 국민 최대 다수의 최대의 행복을 위한 절대적 책무를 부여하고, 개인에게는 이를 최대한 누릴 수 있는 천부인권을 선언하기 때문이다.

공리주의의 가장 큰 공헌 하나는 타인의 행복을 위해 자신의 최대 행복을 희생할 수 있다는 점이다. 나아가 공리주의가 찬사를 보내는 자기 헌신은 행복과 그 수단에 기여하는 것이라는 점이다. 공리는 행복을 추구하는 것만이 아니라 불행을 방지하는 것까지 포함한다.

공리주의 철학에서 민주주의의 근간을 이루는 여러 제도가 만들어진 것은 결코 우연이 아니다. 그들은 사회적 공리를 실현하기 위해 다수결 원리를 전제로 한 민주주의적 의회제도를 주창했고, 자유주의적 시장경제와 복지국가를 위한 사상의 초석을 제공했다. 거칠게 말하자면 배부름과 행복의 문제는 민주주의와 복지국가 모두에 필요한 필요충분조건이다. 바꿔 말하면 배고픔과 불행의 문제는 민주주의와 복지국가의 영원한 숙제다. 문제는 우리 공동체가 이 과제를 충실히 해내고 있는가다.

모두가 철학자가 되는 세상은 바람직하면서도 불편하다. 철들지 않는 영혼들이 존재할 때 철학이 의미를 갖는 것은 세상살이의 아이러니다. 사회는 누군가는 철학자나 농부가 되고, 누군가는 시인이나 빵집 주인이 되었을 때 비로소 건강해진다.

2장

착한 제도의
불편한 얼굴들

채무자에게 가장 적합한
회생·파산절차는?

■ ■ ■

개인의 경제적 실패에
유독 가혹한 한국 사회

연말이 되면 국회는 늘 부산스럽다. 여야 정쟁을 바라보는 국민은 하릴없이 민망하다. 일이 많아 밀린 일을 하는 거라면 다행이지만, 안 해도 될 일을 뒤늦게 하는 거라면 전시행정 못지않은 부작용이 있을 것이다. 정기국회가 끝난 뒤에도 민생법안에 관한 개정안을 제출하는 경우가 빈번하다. 이것저것 살펴보면 신중한 검토 없이 급조한 모양새가 많다.

개인회생 악용 사례가 급증한다는 언론 보도와 일부 채무자들의 도덕적 해이를 방지해야 한다는 비판이 손을 잡았다. 서로 인과관계가 있는 것은 분명하지만 닭과 달걀처럼 선후를 정하기는 어렵다. 역시나 국회에 나쁜(?) 채무자가 면책받는 것을 방지하기 위한 채무자회생법 개정안이 제출되었다고 한다.

개정안을 발의한 이유는 회생·파산제도를 악용하는 악성 채무자를 방지하자는 취지다. 개인회생 신청 직전 고의로 고액을 대출받거나 도박 등 사행성 소비로 거액의 빚을 지는 이들을 우리는 '악성 채무자'라 부른다. 채무자회생법이 채무자에게 일방적으로 유리한 법령이다 보니 불순한 의도를 가진 악성 채무자들이 일부 존재할 수밖에 없다.

채무자에게 선택권이 있다면
어떤 절차가 적합할까?

여기 세 사람이 있다. 40대인 월급쟁이 A, 50대인 정형외과 의사 B, 60대인 중간도매 자영업자 C. 이들은 서울회생법원, 법률전문가, 법률구조공단에서 각각 상담을 받고 자신의 처지에 적합한 회생·파산절차가 무엇일지 고민하고 있다. 이들에 대한 형식상 분류는 간단해 보이지만, 각자 처한 상황은 풀어낼 수 없을 정도로 꼬여 있을 것이다.

40대인 A는 담보 없이 3억 원의 채무가 있고 4인 가족의 외벌이 가장이다. 급여 생활자인데 작은 빌라를 구입하면서 빚을 지게 되었다. 50대인 B는 정형외과 전문병원을 운영하면서 12억 원의 채무를 지게 되었다. 병원은 적자는 아니지만 과도한 투자로 이자 납부와 원금 상환에 압박을 받고 있다. 60대인 C는 주로 소규모 음식점에 재료를 공급하는 식자재 배달업을 하고 있다. 코로나 시국에서 거래처가 끊기고 외상 거래 때문에 돈줄이 막혀 결국 영업을 지속할 수 없는 파산 상황에 이르렀다.

한계채무 상황에 있는 채무자는 각자 채무자회생법이 정한 요건에 부합하는 절차를 따라야 한다. '개인회생'은 급여소득자나 영업소득자로서 청산가치 이상의 일정한 수입이 보장되어야 신청할 수 있다. 채무 한도가 있어 무담보 채무는 10억, 담보부 채무는 15억이다. 채무가 낭비나 도박으로 늘어난 경우에도 신청이 가능하고, 채권자들의 동의나 결의는 필요 없다. 다만 인가결정 이후 3~5년 이내에 채무의 일정액을 변제해야 면책받을 수 있다.

'일반회생'은 법률상 용어는 아니지만 개인회생과 구별하기 위해 실무상 사용하는 용어다. 신청은 급여소득자나 영업소득자 모두 가능하지만 실무상 전문직 영업소득자가 다수다. 일반회생은 한계채무 상황에서 채권자와 이해관계를 조정해 그 사업을 계속할 수 있도록 하는 데 목적이 있다. 따라서 개인회생과 달리 채무 한도는 없지만 인가요건으로 채권자의 동의가 필요하다.

'개인파산'은 개인인 채무자만 가능하며, 개인의 자산으로 채무를 변제할 수 없는 상태에 이른 경우 채무자나 채권자가 신청할 수 있다. 개인파산은 파산절차를 통해 변제하지 못한 채무에 대해서는 회생법원의 결정으로 전부를 면제하고 채무자의 새출발을 도모하는 절차다.

앞의 세 사람은 여러 번 상담을 받은 뒤 A는 개인회생, B는 일반회생, C는 개인파산을 신청하게 되었다. 실제 실무에서는 이처럼 전형적인 분류에 부합하는 채무자가 대부분이다. 간혹 개인파산을 신청해야 할 대상자가 개인회생을 원하는 예외적 상황도 있긴 하다.

〈어쩌다 사장〉이라는 TV 프로그램이 인기다. 유명 연예인들이 나와서 그런지 국내나 해외에서 김밥을 말고 라면을 끓이는 모습에도 시청자들은 즐거워한다. 생각해보니 "어쩌다"라는 표현은 의미 있는 단어다. 그 프로그램 제목이 "당연히 사장"이나 "영원한 사장"이었다면 사람들은 채널을 돌렸을 것이다. 우리 삶에서 우연성을 배제하고 나면 심각하지 않은 주제조차 심각해지는 부작용이 생긴다. 누구의 삶이든 우연은 필연 안에 살아 숨 쉰다. 지나고 보면 오히려 우연이 필연보다 힘이 센 경우도 많다.

모든 개인은 나름의 삶을 살아간다. 능력과 소질에 맞는 직업을 택해 살다 보면 어쩌다 사장이 되기도 하고, 실패하기도 한다. 그 실패에 매몰되어 인생의 성패가 오직 거기에 달린 것처럼 생각해서는 안 된다. 누가 실패하기 위해 살아가겠는가. 우리 삶에 '우연성'이 살아 숨 쉰다는 것 자체가 다행인 일이다.

따라서 어쩌다 채무를 진 이들을 '나쁘다'라고 표현하는 것은 과해 보인다.

개인파산 대상자가
개인회생을 고집하는 이유

최저생계비보다 적은 미래소득으로 개인회생을 신청하려는 채무자의 의도는 무엇일까? 개인파산 심사 담당자들을 가장 고민하게 만드는 사례다. 누가 봐도 개인파산으로 채무 전액을 탕감받으면 될 듯한데, 개인회생을 고집하려는 특별한 이유가 있는 걸까?

첫째는 사회적 낙인을 피하기 위해서다. 쉽게 파산 신청을 하지 못하는 가장 큰 이유는 자본주의 사회에서 받는 사회적 낙인이 주는 불편함이 존재해서다. 채무자회생법에서는 파산선고로 불이익을 당하면 안 된다고 규정하고 있지만, 여러 개별 법령은 현실적인 불이익을 정하고 있다. 취업을 비롯한 경제활동을 해야 하는 사회·경제적 인간으로서는 결코 감당하기 힘든 불이익이다.

둘째는 자신의 집을 지키기 위해서다. 파산선고를 하게 되면 채무자의 모든 재산을 청산해 채무를 변제해야 한다. 달랑 집 한 채만 남은 채무자에게 생존의 마지막 수단마저 사라진다면 끔찍한 일일 것이다. 적어도 집을 지키면서 최대한 변제 노력을 기울이는 것이 개인회생을 선택한 배경일 수 있다. 한계 상황에 처한 채무자에게 이는 무척 절박한 문제다.

셋째는 채무를 최대한 변제하는 것이 최소한의 인간적 도리라고 생각해서다. 채무 변제는 개인 간의 약속이며 계약이다. 이는 원칙적으로 반드시 지켜져야 한다. 사기 같은 고의를 갖지 않는 이상 빌린 돈을 갚지 않는다는 것은 상식이나 인간적 도리에 반한다. 채무자 대부분은 어쩔 수 없이 회생·파산제도의 도움을 받는 것을 부끄러워한다. 개인파산을 전담하는 한 부장판사의 이야기다.

"누가 봐도 파산 신청을 해야 할 대상자인데도 개인회생 신청을 한 경우가 있습니다. 취하하고 개인파산으로 다시 신청하라고 보정명령을 내려도 부득불 계속 개인회생으로 진행하겠다는 거예요. 사정이야 있겠지만 미래소득이 최저생계비를 일정 부분 초과해야 변제계획안이 제대로 작성되고 채권자들에게 배분될 텐데, 미래소득이 거의 없거나 적은데도 고집을 부리거든요. 개인회생을 취하하지 않아서 신청을 기각하면 이런 분은 꼭 항고를 해요. 항고해서라도 굳이 개인회생으로 하겠다는 분들한테는 특별한 의지 같은 게 있는 것 같아요. 단순히 생각하면 파산이 훨씬 합리적인데 말이에요. 그래서 저도 '왜 그러실까?' 하고 자문자답을 해보곤 합니다."

이유야 어찌 되었든 자기 선택에 따라 개인회생으로 채무자의 도리를 다하겠다는 이들에게는 그 의사를 존중해주는 것이 좋지 않을까. 어쩌다 채무자가 된 이들의 자발적 의사이니 말이다.

우리 사회가 유독 경제적 실패를
가혹하게 바라보는 이유

장기적으로 보면 우리 삶은 모두 실패한다. 아니, 실패할 수밖에 없다. 타고난 금수저들도 예외는 없다. 누구에게나 공평한 죽음의 시간이 기다리고 있기 때문이다. 자신이 작은 영역에서 일정한 성취를 거뒀다 할지라도 더 많은 부분에서 적잖은 실패나 손실이 있을 수밖에 없는 것이 인간의 삶이다.

그럼에도 우리 사회는 타인의 경제적 실패에 대해 유독 가혹하게 인식한다. '경제적 삶'이라는 하나의 기준을 가지고 타인을 평가하는 것이 과연 정당할까? 부자들의 자산에 대해서는 그토록 관대하면서 실패한 이들과 대물림된 가난에 대해서는 그토록 비정한 잣대를 들이대는 우리 사회의 이중성을 우리는 어떻게 바라봐야 할까?

경제적 실패에서 한계채무자를 구제하는 것은 사회공동체의 의무다. 갱생을 통해 경제활동의 기회를 제공하는 것이 경제적 파탄에 이른 채무자를 방치하는 데서 나오는 사회적 비용보다 훨씬 이익이다. 한 개인의 실패가 한 가정이나 사회적 비극의 단초가 될 수도 있기 때문이다. 꾸준히 뉴스에 오르는 일가족의 비극을 생각한다면 답을 알 수 있다.

제도를 악용하는 극히 일부 사례를 배제하기 위해 불필요한 행정력을 낭비하거나, 경제활동으로 신속하게 복귀하려는 이들에게까지 피해를 주는 것은 더 큰 문제다. 빈대 잡으려다 초가삼간 태우는 실수를 범하는 것이다.

입법(자)의 영역이긴 하지만 단지 법률을 개정하거나 제도적 평가를 하는 과정에서 법률적 가치판단만 중요하게 여겨서는 안 된다. 실제 사회경제적 약자들을 법의 영역으로만 평가하다 보면 그들을 보호할 만한 논리를 제대로 세우기가 어려워진다. 회생·파산 신청자들에게 가장 두려운 단어는 '도덕적 해이'다. 제아무리 억울한 사정이 있다 해도 비난하는 측에서 저 단어를 내세우면 채무자는 움츠러들기 마련이다.

자본주의 사회에는 자산을 증식하고 돈을 벌어들이는 수많은 기회와 도구가 존재한다. 투기와 투자를 구분하지도 못하면서 부동산이나 주식, 가상화폐로 돈을 벌어들인 이들은 능력자로 인정받고, 상황을 불문하고 돈을 잃거나 자산을 탕진한 이들은 경제적 실패자로 낙인찍거나 '도덕적 해이'라는 딱지를 붙이는 것. 이런 양면적 평가는 정당할까?

서면심사의 한계 역시 고민해야 한다. 심사권자들이 서면 기록 안에 숨어 있는 신청인의 고의까지 들여다볼 수는 없다. 서면에 기술된 내용의 의도들을 일일이 의심하며 업무를 처리하다 보면 '신속한 채무자 구제'라는 더 중요한 과제에서 실패할 수밖에 없다.

사실 실무 심사단계에서 제도를 악용하는 이들을 얼마든지 걸러낼 수 있다. 회생법원의 실무준칙을 숙지한 회생·파산 담당자들은 조금이라도 이상한 낌새가 보이는 신청에 대해서는 가차 없이 보정명령을 내리고 채무자나 대리인을 면담한다. 파산선고를 받고서도 면책받지 못한 채무자의 비율이나 회생·파산 신청의 각하나 기각 비율을 보면 이미 충분한 역할을 해내고 있는 것이다.

어쩌면 우리에게 더 필요한 것은 일부 여론에 휩쓸려 (불필요한) 엄격한 법령을 만드는 것보다 실무 담당자들의 업무 환경이나 업무 절차를 개선해 신속하고 정확하게 제도를 운영하도록 지원하는 일일 것이다. 이를 통해 제도가 가진 본연의 역할을 수행하면서 한계채무자들이 경제적 상황을 이겨내고 사회경제적 존재감을 가질 수 있도록 따뜻하게 격려해야 할 것이다.

개인의 경제적 실패나 법 개정의 정당성은 단순한 문제가 아닌 복합적인 문제다. 함부로 평가하거나 진행해서는 안 되는 사회적 과정이다. 다시 말하지만, 엄격한 규정과 규제만이 능사는 아니다. 우리에게는 정기국회나 연말에만 바쁜 국회(의원)보다 사시사철 국민을 위해 발로 뛰는 국회(의원)가 필요하다.

회사가 망했는데,
밀린 월급과 퇴직금은 어떡하나요?

■ ■ ■

법인 파산과 근로자들의 마지막 비상구,
파산 신청과 대지급금

5월은 근로자들에게 자존감 회복의 달이다. 근로자의 날을 시작으로 노동 관련 행사가 넘쳐나는 달이기 때문이다. 반면 자존심 추락의 시기이기도 하다. 어린이날과 어버이날, 스승의 날과 부부의 날까지 돈 들어가야 할 사정들이 줄줄이 기다리고 있어서다. 뻔한 월급통장은 금세 빈자의 길을 걷고, 근심지갑은 두터워지는 게 5월이다.

근래 경기침체가 본격화되고 경제 불확실성은 더 커지고 있다. 근로자들이 처한 현실은 모두 제각각이다. 어느 대기업에서 성과급 잔치를 했다는 배 아픈 뉴스가 들려오기도 하지만, 직장갑질119 상담방에는 부당 해고나 불법 해고, 임금 체불에 대해 도와달라는 사연이 넘친다.

먹고사는 문제에서 자유롭지 못한 이들에게 자신이 속한 기업의 규모는 때로 굴레가 되기도 한다. 대기업인지 중소기업인지, 300인 미만, 30인 미만 혹은 5인 미만인지 여부에 따라 복잡다단하게 규제와 통제를 받기 때문이다. 어떤 기준으로 만들어졌는지는 모르겠지만, 종종 이것이 그 집단에 속한 노동자의 자존감과 정체성을 흔들기도 한다. 정권이 바뀌면서 불어닥친 근로시간 연장과 최저임금 문제까지 더하면 누군가의 가슴에는 시커먼 먹구름이 몰려온다.

작은 회사에 근무하는
A의 속사정

작은 식품가공업체에 근무하는 A는 최근 걱정이 태산이다. 자의 반 타의 반으로 회사를 그만둘 수밖에 없는 상황이어서다. 근근이 영업을 이어가던 회사가 최근 고금리와 원자재 가격 상승, 거듭된 거래 업체의 부도로 파산 직전의 위기에 처한 탓이다. 국민 먹거리를 만든다는 회사 방침에 따라 거의 20여 년간 다니던 직장이었다. 수년 전에 자동화 설비를 들여오면서 감원을 추진할 때도 어찌어찌 살아남았다. 하지만 지금은 월급이 3개월 이상 밀릴 정도로 상황이 좋지 않다. '회사가 망하면 어쩌지? 월급도 그렇지만 퇴직금은 받을 수 있을까?' A는 앞날이 막막혔지만 주저앉아 있을 수만은 없었다.

인터넷에서 이것저것 검색하다 보니 각종 블로그와 지식인 답변에 애정 어린 글이 많았다. 전문가들이 쓴 글을 몇 개 읽어 봤지만 궁금증을 해결해주지는 못했다. 정확한 정보를 얻기 위해 전문가를 찾아가야겠다고 생각했다.

처음 찾은 곳은 노사관계와 노동관계를 전문으로 하는 공인노무사였다. 역시 그쪽 분야의 전문가답게 논리적으로 법률적인 조언을 해주었다. 임금채권보장법에 규정된 대지급금 지급 신청을 통해 밀린 임금을 받을 수 있다는 것도 그때 처음 알았다. 주로 체불임금과 실업급여에 대한 상담이었는데, A 입장에서는 뭔가 아쉬웠다. 도움이 필요할 때 선임하겠다고 약속하고 발길을 돌렸다. 머릿속에서 궁금증은 더 커졌다. 회사의 파산 업무를 처리하는 분들에게 구체적이고 현실적인 정보를 얻고 싶었다.

그다음에 친구의 대학 동창이라는 회생·파산 전문 변호사를 찾아갔다. 인맥을 통해 소개받아서인지 환대해주었고 직접 상담을 진행했다. 변호사에게 현재 회사가 처한 상황을 설명하고 법률적 조언을 구했다. 하지만 대체로 채무자인 회사 측 입장을 대변한 까닭에 노사관계와 근로자 체불임금 관련 상담은 한계가 있었다. 법인인 회사가 부도 상황에서 어떻게 대처해야 하는지에 대한 도산절차에 관한 이야기를 주로 들었는데, A가

처한 상황에 적용할 수는 없었다. 물론 체불임금에 대한 소송과 관련해서는 나름 도움이 되었다. 그러나 어디까지나 소송은 최후의 수단일 뿐 먼저 고려할 사항은 아니었다.

회생법원에서 희망을 듣다

결국 A는 회사의 부도로 법률적 도움을 받은 경험이 있는 지인의 추천을 받아 회생법원을 찾게 되었다. 법인 파산업무에 경험이 많은 담당자와 다양한 이야기를 나누었다. 법원의 업무 영역에 속하지 않는 질문일 수도 있어 조심스럽게 대화를 진행했다.

"선생님, 재직하고 계신 회사의 재무 상황을 어느 정도 알고 계시나요?"

"액수에 대해서는 자세히 모르지만, 지금은 자산보다 부채가 더 많다는 정도만 알고 있습니다."

"현재 시점에서 회사가 법인 회생이나 파산을 신청할 가능성이 있나요?"

"회사 규모가 작고 가족적인 분위기라 직원들이 회사 사정을 많이 알고 있습니다. 전해들은 이야기이기는 한데, 아마도 사장님이 파산 신청을 할 거라고 합니다. 최근 회생·파산 전문 변호사를 만난다는 이야기도 들었고요."

"회사 규모는 어떤가요? 예를 들어 재직하는 임직원 수가 어느 정도인가요?"

"대략 100여 명 안팎입니다. 몇 년 전까지만 해도 지금보다 두 배 정도 많았는데, 자동화 설비가 들어오면서 많은 분이 그만두었어요."

"일단 선생님의 상황을 가정으로 판단해 말씀드리겠습니다. 이 회사는 도산절차로 진행하는 게 타당하지 않을까 합니다. 물론 선생님 입장에서는 밀린 월급과 퇴직금을 받을 수 있는지가 가장 중요하겠죠?"

"당연히 그렇습니다. 회사 사정이 어려워져서 문을 닫는 건 가슴 아픈 일이지만. 근로자 입장에서는 먹고살아야 하니 밀린 월급과 퇴직금 받는 게 중요하죠."

"법인회생절차에서는 임금과 퇴직금은 공익채권으로 수시로 먼저 변제받을 수 있습니다. 파산절차에서도 임금 등은 재단채권으로 변제받을 수 있는데, 현실적으로는 환가할 재산이 없어 지급받기 어려울 수 있어요. 혹시 대지급금에 대해서는 들어보셨나요?"

"네! 지난번 만난 노무사님이 말해주어서 어떤 제도인지는 알고 있습니다."

공익채권은 회생절차를 수행하기 위해 인정된 채무자에 대한 청구권으로, 원칙적으로 회생절차를 개시한 뒤 원인에 기해

생긴 청구권을 말한다. 근로자의 임금과 퇴직금은 회생절차를 개시하기 전의 채권이지만 특별히 공익채권으로 인정받는다. 임금 등의 공익채권은 수시로 관리인에 의해 변제받을 수 있고, 회생채권과 회생담보권에 우선한다. 재단채권은 파산재단 전체로부터 파산채권자에 우선해 파산재단으로부터 수시로 변제받을 수 있는 청구권으로 채무자(회사) 근로자의 임금과 퇴직금이 여기에 속한다. 근로기준법은 최근 3개월의 임금과 최종 3년간의 퇴직금에 한정하는 제한이 있지만, 파산절차에서는 이런 제한 없이 그 전액이 재단채권으로 인정된다.

대지급금을 신청하려면

"대지급금 관련해서는 전문가인 노무사님이 더 자세하게 얘기했을 겁니다. 대지급금은 근로자의 미지급 임금을 국가가 대신해서 지급하는 제도입니다. 이를 신청하기 위해서는 몇 가지 조건이 필요한데. 그중 가장 중요한 것이 회사의 도산 신청이에요. 근로자 입장에서는 밀린 월급을 받는 게 가장 중요한데, 막상 회사에서 도산절차를 밟지 않으면 상당히 피곤한 민사절차로 이행될 수밖에 없습니다. 결국 소송을 제기해서 확정 판결을 받는 데까지 가야 하는 거죠."

"자세히 말씀해주셔서 감사합니다. 그런데 혹시 국가로부터 대지급금으로도 지급받지 못한 체불임금이 있을 경우에는 어떻게 해야 하나요?"

"좋은 질문입니다. 회사가 파산선고를 받은 상태에서 근로자들이 근로복지공단으로부터 대지급금을 지급받고도 미지급된 금액이 있을 경우, 다시 파산절차에서 파산관재인에게 이를 증명해 지급을 청구할 수 있습니다. 채무자회생법상 근로자의 임금 등은 일정 부분에 대해서는 최우선변제권까지 인정하고 있거든요."

"그러면 두 제도가 모두 필요한 상황이 대부분이겠네요. 어느 정도 규모가 있고 퇴직자 수가 많을 때는 대지급금으로 월급이나 퇴직금 전부를 지급한다는 게 거의 불가능하잖아요."

"결과적으로는 그런 셈이죠. 대지급금 지급 조건에 회생·파산절차가 들어가니까요. 그래서 임금채권보장법에서 도산 등 사실 인정 요건과 절차를 엄격하게 규정하고 있어요."

"그러면 회사가 회생이나 파산절차를 진행하지 않으면 저 같은 경우 이 제도를 이용하지 못하는 건가요?"

임금채권보장법과 그 시행령에는 대지급금 지급조건과 절차가 나와 있다. 첫째, 법원에서 회사에 대한 법인회생 개시결정이나 파산선고결정이 있을 것. 둘째, 상시 근로자 300명 이하 사업장에서 경영 악화로 사업이 폐지되었을 것. 셋째, 사업이 폐지된 회사에서 임금 등을 지급할 능력이 없거나 현저히 곤란한 상태에 있음을 고용노동청으로부터 인정받을 것 등이다. 근로자가 근로복지공단으로부터 대지급금을 받으려면 이와 같은 사실을 증명해야 한다.

회사의 파산 신청이
근로자를 위한 마지막 배려일 수도

"그렇죠. 법률이 정한 요건을 충족하지 못하면 신청 자체가 불가능해요. 회사 입장에서는 다양한 상황과 사정이 있겠지만, 사업을 접을 경우 가능하면 직원들이 임금채권보장법상 대지급금을 통해 국가로부터 체불임금을 받을 수 있도록 파산절차를 신청해주는 게 바람직하겠죠. 사실 직원들이 파산을 신청하라고 회사에 얘기할 수는 없는 거잖아요. 회사를 위해 고생한 직원들을 위한 경영진의 최후의 배려가 아닐까 합니다."

임금채권보장법상 대지급금은 사업체가 파산하고 난 뒤 밀린 임금 등을 지급받을 수 있는 소중한 수단이다. 오랜 가뭄 끝에 내리는 단비와 같은 효자 역할을 하는 셈이다. 특히 근로자의 월급은 가족의 생계와 직결되는 중요한 수단이어서 반드시 지급받아야 한다. 제도적으로는 근로자가 요건을 증명하기보다는 공적인 기관에서 업무 연계를 통해 조건 충족 여부를 심사하는 시스템을 마련하는 것이 필요해 보인다.

노동시장의 유연성이 큰 나라에서도 회사가 파산하면 근로자들이 받는 타격이 무척 크다. 하물며 노동시장이 경직되어 있고, 재취업이 어려운 노동환경을 가진 한국의 경우 근로자들의 고통은 헤아릴 길이 없을 것이다. A의 상황이라면 재취업의 기회를 얻고, 가족의 생계를 위해 대지급금 제도를 충분히 활용하는 게 현명하다.

가상화폐나 주식 투자와 관련한 회생·파산제도의 변명

■ ■ ■

자본주의적 삶의 영광을 좇는
이들을 향한 딜레마

회생법원에서 일한다고 하면 가장 많이 받는 질문은 다음
세 가지다.

"법원이 너무 채무자 편을 드는 거 아냐?"

"가상화폐나 주식 투자 실패로 진 빚을 국가가 탕감해주는
게 맞아?"

"채권자들은 그 억울함을 어디 가서 하소연해야 해?"

질문은 쉽지만 대답은 어렵다. 입이 열 개여도 할 말이 부
족하고, 제아무리 법과 제도에 대한 취지를 설명해도 변명으로
들린다. 납득하기 쉽지 않는 변명. 유사 이래 억울한 변명은 늘
있었다.

소크라테스의 억울한 변명

역사상 가장 유명한 변명은 《소크라테스의 변명》일 것이다. 이는 재판 과정에서 자신을 변호하고 자기 행동의 정당성을 주장하는 '변론'에 가까웠다. 물론 이 책의 저자는 소크라테스가 아닌 그의 제자 플라톤이다. 이 작품은 플라톤의 생각과 철학의 시작점으로 불린다.

소크라테스는 불경죄(무신론 설파)와 아테네 청년들을 미혹했다는 죄로 재판을 받으면서 세 번의 항변을 한다. 재판은 유무죄 판결과 형량 판결로 진행되는데, 소크라테스는 유무죄 판결 과정에서 자신의 부정적 이미지와 멜레토스의 고발 건에 대해 항변한다. 배심원 표결 결과는 280대 220으로 유죄.

당시 아테네 법정은 판사나 성문 형법 없이 배심원 표결로 유무죄를 결정하고, 원고와 피고가 각각 형량을 구형해 이 또한 표결에 붙이는 방식으로 형량을 정했다.

고발자들은 소크라테스에게 사형을 구형한다. 소크라테스는 벌금형과 징역형, 추방형에 대한 비판적인 이유를 말하며 자기 행위가 신의 명령이라며 자기 형량을 벌금으로 내겠다는 변론을 펼친다. 그러나 배심원 표결에서 360대 140으로 사형을 선고받는다.

소크라테스의 변명은 문학적이며 철학적이다. 그는 자신이 왜 이 법정에 서게 되었는지, 자신이 왜 무죄인지 설명한다. 소크라테스가 각각의 주장에 대해 하나하나 논박하는 과정은 아마도 미국의 법정 드라마의 한 장면처럼 치열하지 않았을까?

가상화폐나 주식 투자에 실패한 이들에 대해 회생·파산 신청을 받아주는 것에 대한 사회적 비판과 비난이 거세다. 그 핵심은 자기 행동에 대한 책임을 스스로 져야 한다는 것이다. 아무도 이들에게 가상화폐나 주식에 투자하라고 떠밀지 않았다는 것이다. 그들을 적극 옹호하는 것은 아니지만, 억울했던 소크라테스의 변론처럼 말 못하는 '회생·파산제도'를 대신해 변명을 해보고자 한다. 회생·파산제도의 변명 또한 소크라테스의 변명처럼 자못 철학적이어야 하지 않을까?

회생·파산제도의 억울한 변명

변명은 법적 해석론, 사회경제적 차원과 개인적 차원에서 해보려 한다. 특별한 해석 기준 없이 감정적으로 타인의 사회경제활동을 평가하는 것은 바람직하지 않기에 가장 먼저 법적 측면에서 이야기해보겠다.

법적 해석 측면에서의 제1변명
가상화폐나 주식 투자 실패가 면책불허가 사유인가에 대한 법적 해석이 필요하다. 채무자회생법 제564조 제1항은 일부 사항을 제외하고 원칙적으로 면책을 허가해야 한다고 규정한다. 그중 제564조 제1항 6호는 "채무자가 과다한 낭비·도박 그 밖의 사행 행위를 하여 현저히 재산을 감소시키거나 과대한 채무를 부담한 사실이 있는 때"를 면책불허가 사유로 정하고 있다.

문제는 가상화폐나 주식 투자 실패가 "과다한 낭비·도박 그 밖의 사행 행위"에 속하는지 여부다. 이와 관련한 직접적인 대법원 판례는 없지만, 면책불허가 사유인 '낭비'에 대해서는 "당해 채무자의 사회적 지위, 직업, 영업 상태, 생활 수준, 수지 상황, 자산 상태 등에 비추어 사회통념을 벗어나는 과다한 소비적 지출 행위를 말한다고 할 것이고, 채무자의 어떠한 지출 행위가 '낭비'에 해당한다고 보기 위해서는 그것이 형사처벌의 대상이 될 수 있음을 감안하여 보다 신중한 판단을 요한다"라고 판시한 바 있다(대법원 2004. 4. 13. 선고 2004마86 결정).

그렇다면 가상화폐나 주식 투자는 수익을 기대해 이뤄지는 투자 활동의 일종으로 '소비적 지출행위'라고 보기는 어려워 면책불허가 사유 중 하나인 '과다한 낭비'에 해당하지 않는 것으로 봐야 하지 않을까? 판례의 입장은 어찌 되었든 투자일 뿐 마구잡이로 쓰기 위한 낭비는 아니라는 것이다.

그다음으로 가상화폐나 주식 투자 실패가 "도박 그 밖의 사행 행위"에 해당하는지 여부다. 대법원 판례에 따르면, '도박'의 의미도 "당사자가 재물을 걸고 우연한 승부에 의해 재물의 득실을 다투는 행위"(2002. 4. 13. 선고 2001도5802판결)로 봐야 하므로 가상화폐나 주식 투자를 이와 동일하게 평가할 수는 없다.

사회경제적 차원에서의 제2변명

자본주의 사회에서 어떤 직업을 가지고 어떻게 경제활동을 할지, 어떤 물건에 투자해 얼마나 이익을 남길지는 개인의 자유다. 개인의 행위가 민법 제103조나 제104조에 해당하거나 범죄 요건에 부합하지 않는 한 그 또한 자유인 것이다.

서울회생법원은 "주식 또는 가상화폐 투자 손실금의 처리에 관한 실무준칙"(2022년 7월 1일 시행)을 마련해 시행하고 있다. 이 준칙을 두고 주식이나 가상화폐와 관련한 빚은 갚지 않아도 된다는 오해가 확산되었는데, 이는 명백한 오류다.

서울회생법원의 준칙은 특정 채무의 감경과 면제를 다룬 것이 아니고, 재산 청산가치를 산정하는 과정에서 다른 재산과의 형평성을 맞춘 것에 중점이 있다. 이는 개인회생절차의 안정적 진행과 변제계획을 통해 오히려 채권자들에게 유리하게 작용할 측면도 있다.

준칙은 주식이나 가상화폐 '투자로 인한 손실금'을 일반적인 경제활동 범주에 넣고 있다. 사실 부동산 투자와 투기의 경계를 따지는 것도 어렵지 않은가. 그 경계의 기준을 금액으로 정할지, 개인의 심리나 의도로 정할지, 손실 여부로 정할지 아무도 말하지 못한다. 모든 행위의 근저에는 잘살아보고자 하는 개인의 경제적 욕망이 살아 숨 쉬기 마련이다.

실패자 개인 차원에서의 제3변명

어떤 경제적 행위로 파탄에 이르렀을 때 사회적 평가는 다를지라도 파탄의 결과는 같다. 민법이나 채무자회생법상 금지된 행위가 아니라면 개인의 선택이나 결정의 결과물에 대해 법적 책임을 묻기는 어렵다.

특히 주식이나 가상화폐 투자 실패는 20~30대에서 두드러지게 나타난다. 앞에서 여러 번 언급했듯 이들의 경제적 실패를 개인의 책임이라며 방치하는 것은 더 큰 사회적 혼란을 불러올 수 있다. 이들을 경제적 파탄으로부터 빠르게 회복시키는 것이 공동체의 미래에 더 큰 도움이 될 수 있다는 말이다.

"악법도 법이다"에 얽힌
우리의 우화

감방 동료인 크리톤은 소크라테스에게 탈옥을 권하지만, 소크라테스는 탈옥하지 않을 몇 가지 이유를 댄다. 흔히 말하는 '악법도 법이다'라고 오독誤讀되는 부분이다. 소크라테스는 '법이란 국가와 개인 간의 약속이고, 탈옥은 법은 지켜야 한다는 정의에 반하는 일이며, 평소 자신이 그런 정의를 설파해왔기에 탈옥해서는 안 된다'라는 의미로 크리톤을 단념시킨다.

참고로 '악법도 법이다'라는 말은 일본의 법철학자 오다카 도모오가 '법철학'에서 실정법주의를 강조하면서 잘못 쓴 것이 계기가 되어 유명해졌다. 이는 순전히 오다카 도모오가 일본의 국가주의와 군국주의를 옹호하기 위한 개인 '뇌피셜'에 불과한 실언이었다. 소크라테스가 순순히 독배를 마신 것처럼 '국가의 실정법에 복종하는 것이 시민의 의무'임을 강조하기 위해 만들어진 나쁜 도구라 할 수 있다. 우리에게는 일본인 학자의 오류를 악법에 저항하는 이들을 억압하는 논거로 사용해온 흑역사가 있다. 이런 이유로 현재 대부분의 교과서는 준법정신을 강조하는 사례로 부적합한 '악법도 법이다'라는 소크라테스의 일화를 기재하지 않고 있다.

오히려 소크라테스의 일화와 재판은 잘못된 국가 시스템과 관습을 비판하고 자신의 철학적 사명감을 굽히지 않음으로써 시민 불복종의 철학적 근거를 마련했다는 점에서 의의가 크다. 나쁜 법과 그 법을 기반으로 만들어진 더 나쁜 제도에까지 순응하는 것은 시민의 의무가 아니다.

부자가 되는 꿈을 꾸는 것은 자유다. 범죄행위가 아닌 한 어떻게 부자가 되든 자유다. 부자 되는 꿈은 세대나 연령대를 가리지 않는다. 따지고 보면 평범한 투자와 욕망 가득한 투기를 구분하기란 궁예의 관심법을 통해서만 가능한 일일 것이다.

여전히 사람들은 대박을 꿈꾸고, 거액의 양도차익을 노리고, 안정적인 내 집 마련이라는 백일몽을 위해 부단히 애쓰고 노력한다. 그것이 타인에게 상처를 주더라도 자신에게 영광을 주는 '패스트 트랙'을 향해 달려간다. 승자를 꿈꾸는 것은 자본주의적 삶의 일상이다. 누가 누구를 비난할 수 있겠는가.

소크라테스에게 유죄를 주었던 아테네의 배심원들처럼 '가상화폐나 주식 투자 실패자들을 위한 회생·파산제도의 역할'에 대해 유무죄 표결을 진행한다면 그 결론은 어떻게 나올까?

재파산 신청이
증가하는 데 대한 대책은?

■ ■ ■

종전 절차에서 누락된 채권도
다시 면책받을 수 있나요?

법조(법원·검찰청 등) 출입기자인 R기자에게 전화가 왔다. 법원의 대외적 소통은 주로 공보판사의 역할이지만, 개인적으로 궁금한 것을 물어보려고 전화하는 기자들이 종종 있다. 최근 여러 언론사에서 회생·파산제도에 관심을 갖고 기획기사를 썼다. 성격 급한 R기자는 질문도 단도직입적이었다.

"과장님, 혹시 재파산하는 비율이 늘어나고 있다는데 무엇이 문제인가요?"

"음, 그건 기자님이 더 잘 알고 있지 않나요? 경제부나 사회부 기자들과 얘기해보면 금방 답이 나올 것 같은데요?"

"그렇긴 한데요. 사회경제적 문제를 회생·파산 신청의 증감으로 바로 연결시키기가 마뜩잖아서요. 최근 회생법원에서 발표한 통계에 따르면 (중략) 그 진짜 이유가 궁금해서요."

"아마도 그만큼 먹고살기 힘든 사람이 많아져서가 아닐까요? 특별히 다른 불순한 동기가 없는 한 그럴 거예요."

"다른 동기라면, 어떤 게 있을까요?"(역시 프로 기자다운 질문이다.)

"글쎄요. 그분들 마음을 읽어낼 수는 없지만, 일종의 부정적 재테크의 수단으로 활용하려는 동기 아닐까요?"

한번 파산(회생)한 사람이 몇 년 뒤 다시 경제적 파탄을 이유로 재파산(재회생) 신청을 한다는 게 쉽게 납득이 가지 않는 모양이었다.

과연, 재파산 신청은 가능하며
실제로 증가하고 있을까?

채무자회생법 제564조(면책허가) 제1항 제4호에 따르면, 개인파산절차에서 면책을 받은 경우에는 면책허가결정 확정일로부터 7년이 경과해야 하고, 개인회생절차에서 면책을 받은 경우에는 면책 확정일로부터 5년이 경과해야 새로운 개인파산면책을 허가할 수 있다.

이때 문제가 되는 것은 면책허가결정을 받은 뒤 기간이 경과하기 전에 새로운 파산 신청이 가능한지 여부다. 개인회생에서는 신청일 이전 5년 이내에 면책(파산면책 포함)을 받은 경우 개인회생 개시 신청 자체를 기각할 수 있도록 규정(제595조 제5호)하고 있다. 하지만 파산절차에서는 면책 확정일로부터 7년이나 5년이 경과하지 아니한 경우 면책불허가 사유로 규정하고 있으므로 재신청은 가능하지만 면책은 불가능하다. 다만 실무에서도 이 경우 파산절차 남용(제309조 제2항)의 사유로 기각될 여지가 많다.

이는 채무자가 채권자의 이익을 해하고 면책제도를 악용할 위험성이 있기에 일정 기간이 지나지 않으면 면책할 수 없도록 하려는 취지다. 개인회생 채무자에게 2년의 혜택을 더 주는 것은 전액을 탕감받은 파산면책 채무자에 비해 일정 부분을 변제했다는 점을 고려한 것이다.

면책허가결정을 받은 적이 있는지 여부와 그 결정의 확정일자는 파산 신청서의 필수 기재사항이다. 일반적으로 재판사무 시스템에 개인별 회생·파산 신청 이력이 저장되어 있어 면책불허가 사유에 해당하는지 여부를 금방 알 수 있다.

최근 서울회생법원의 재파산 신청비율을 보면, 과거 개인파산을 신청했던 채무자가 다시 파산 신청을 한 경우는 2019년 4.46%, 2020년 5.14%, 2021년 5.52%, 2022년 6.50%이다. 또 과거 개인회생을 신청했던 채무자는 2019년 6.98%, 2020년 6.73%, 2021년 6.78%, 2022년 6.70%이다. 이 통계에서 알 수 있는 것은 새로운 한계채무자의 비율만이 아니라 과거 도산절차 신청 경험이 있는 채무자의 비율이 꾸준히 늘어나고 있다는 것이다.

재파산 신청 증가로 엿보는 사회적·정책적 함의

회생위원실은 서울회생법원 2층에 있는데, 회생위원들만 모여 일하는 공간이다. 동일 직급에 같은 업무만 처리하는 이들이 모여 있어서 서로 소통도 잘되고 분위기도 좋다. 특히 밥 먹듯 야근을 하다 보니 동지의식이 끈끈하고 강하다. 그 사무실 앞쪽에는 민원인들이 대기하거나 직원들이 담소를 나눌 수 있는 기다란 의자가 놓여 있다. 대법정에서 열리는 재판에 출석하거나 신용교육을 받기 위해 법원을 찾은 민원인들이 잠시 쉬는 공간이기도 하다.

의자에 철퍼덕 주저앉은 회생위원 K가 한숨을 폭 쉬었다. 50대 중반인 그의 눈빛은 흐렸고 다크서클은 깊었다. K위원은 3년째 개인회생사건을 담당하고 있는 베테랑이다. 그는 자신의 인생 2라운드를 고민하고 있었다. 회생위원은 개인회생사건을 전담한다.

"한번 면책받은 이들이 다시 회생을 신청해 들어온 걸 보면

화가 나요.'솔직히 '이렇게까지 해도 될까' 하는 생각이 들거든요. 채권자 입장에서 보면 계속 뒤통수 맞는 일이 아닌가 싶고요.'(K는 무언가에 화가 많이 나 있었다.)

K위원 옆에서 핸드폰을 보며 휴식을 취하던 P위원이 한 마디 보탰다.

"그런 측면도 있지만, 한편으로는 법적 구제절차로 경제활동을 다시 시작한 사람들이 정상 궤도에 오르지 못하는 것도 안타까운 현실이죠. 어차피 먹고사는 게 개인 책임이라지만, '다시 법원에 올 정도로 밥벌이하는 게 쉽지 않구나' 하는 생각도 들고요."

재파산 증가나 그 원인을 마냥 채무자의 도덕적 해이나 개인의 문제로만 바라봐서는 답이 없다. 경제활동과 그 선택은 어쨌든 개인의 영역이다. 법원의 업무는 회생·파산절차 내에서 채무자들의 경제 상황을 판단하고 그에 상응하는 법적 결과를 보여줄 뿐이다. 그 뒤 이들이 새로운 상황에서 정상적인 경제활동을 하게 될지, 아니면 더 큰 고통을 겪게 될지는 알 수 없다.

최초 파산면책사건에서 누락된 채권을
다시 면책받을 수 있을까?

60대 자영업자 A는 2020년 9월 파산면책을 받았다. 다만 당시 제출했던 채권자목록에는 채권을 양도받은 채권자 B가 누락되었다. B는 자신의 채권이 비면책채권이라면서 A를 상대로 민사소송을 제기했다. 2023년 9월, 자영업자 A는 재기해 사업을 하던 중 영업이 어려워져 다시 파산 신청을 할 수밖에 없었다. 이때 처음에 누락했던 B의 채권에 대해서도 면책받을 수 있을까?

채무자회생법 제566조 제7호에는 "채무자가 악의로 채권자목록에 기재하지 아니한 청구권"을 비면책채권으로 규정하고 있으므로, 채권자목록에 누락된 채권자들이 채무자를 상대로 민사소송을 제기하거나 강제집행을 하는 상황이 자주 발생한다. 이때 채무자는 면책 확인의 소나 청구이의의 소를 제기하거나 면책의 항변을 하는 방법으로 대응할 수 있지만, 경제적으로 취약한 채무자가 소송을 통해 채권자에게 대응하기란 쉽지 않다. 그리고 이 경우 실무에서는 절차 남용이나 지급불능의 요건 미비를 이유로 신청을 기각해왔다. 하지만 2023년 하반기부터 서울회생법원은 법률 서비스 접근을 높이고 채무자를 배려하고자 종전에 면책받은 채무자가 채권자목록에서 누락된 채권에 대해 추가 파산면책을 신청하는 것을 허용하기로 했다. 이때는 법 제564조 제1항 제4호에서 면책불허가 사유로 규정하고 있는 "종전 면책 허가결정의 확정일로부터 7년이 경과하지 아니한 때"를 적용하지 않기로 한 것이다. 따라서 그 기간 내에 접수했다고 해서 신청을 각하하거나 기각하지 않는다.

앞 사례의 경우 채무자 A는 2020년 9월 면책을 받았기 때문에 2023년 9월에 신청한 새로운 파산면책 신청은 파산절차 남용으로 기각될 가능성이 크다. 다만, 기존 채권자목록에서 누락된 채권자 B의 채권에 대해서는 별도로 파산면책을 신청할 수 있으며, 일반적인 파산면책절차에 따라 절차 남용 여부가 없는 한 면책받을 수 있다.

며칠 뒤 R기자에게서 다시 전화가 왔다.

"과장님, 혹시 회생테크나 파산테크가 회생법원에서 사용하는 공식 용어는 아니죠?"

"그럼요. 네이버나 다음에서 공식 용어나 법률 용어는 바로 검색이 될 겁니다."

"제가 그 생각을 못해봤네요(뭔가 두들기며 검색하는 소리). 정말 회생테크나 파산테크는 아예 검색이 안 되는군요. 빚테크라는 용어는 가끔 사용되는데, 이건 파산테크와는 다른 뜻인 것 같은데요?"

"빚테크는 저금리를 둘러싼 대출 채무에 대한 전략적 선택이라 할 수 있죠. 더 싼 이자로 돈을 빌려 대출을 갈아타는 것 같은 거죠. 회생·파산테크는 채무자가 회생·파산제도를 변칙적 재테크의 일종으로 활용한다는 개념이니까요."

'회생·파산테크'란 회생·파산제도를 이용해 재테크를 한다는 말이다. 곧 제도를 악용해 재테크를 한다는 부정적인 뉘앙스의 신조어다.

회생·파산제도의 장점을 활용한 반복적 면책은 분명 여러 측면에서 문제가 있다. 따라서 업무를 담당하는 판사들과 회생위원들의 고민은 깊어질 수밖에 없다. 결국 업무의 당위성과 제도의 문제점, 개인적 연민과 심리적 불편함의 충돌 속에서 신청사건 하나하나를 면밀하게 들여다볼 수밖에 없지 않을까.

사실 회생·파산제도를 악용하는 이들과 어쩔 수 없이 자본주의의 약자가 된 이들을 구별하기란 쉽지 않다. 경제적 파탄과 저소득의 굴레에서 빠져나오기란 부자가 바늘구멍을 통과하는 것보다 더 어려울지도 모른다. 어쩌면 부자들은 자신들의 시간과 돈으로 바늘구멍을 크게 만들거나 자기 몸을 작게 만들 상상이라도 할 수 있겠지만.

이 문제는 채무자 개인들의 갱생 노력이나 신용교육만으로는 해결할 수 없다. 경제적 한계 상황에 대한 사회구조적 접근, 재취업과 직업교육에 대한 국가적 관심, 경제적 취약계층의 자발적 동기부여 정책 수립 같은 제도적 개선책 마련이 필요한 까닭이다.

법원에서 면책을 받았는데도
독촉장이 날아온다면?

■ ■ ■

면책확정 뒤 채권자의
독촉으로부터 벗어나는 방법

돈을 빌린 적이 없는데도 돈을 갚으라는 독촉장(소장)이 날아온다면 어떻게 해야 할까? 이런 경우는 없어야겠지만 실제 상황이라면 황당무계하고 난감할 것이다. 날아온 소장을 그냥 방치하거나 무시하면 무변론판결 등으로 곤란한 상황에 처할 수 있다. 법은 맹목적인 집행절차를 가지고 있기 때문이다. 감정적으로 처리할 게 아니라 반드시 전문가의 조언을 받아 대처해야 한다. 대처 방법은 간단하지만, 자칫 상대의 문서 위변조나 사기 범죄에 엮여 깊은 수렁에 빠질 수도 있다.

그러면 개인파산을 신청해 면책까지 받았는데 돈을 갚으라는 독촉장(소장)이 날아온다면 또 어떻게 해야 할까? 현실에서 자주 볼 수 있는 이 경우도 난감하기는 마찬가지일 것이다. 이

것 역시나 그냥 방치하면 수습하기 곤란한 상황에 처할 수 있다. 마찬가지로 전문가의 손길이 필요하다.

한계 상황에 이른 채무자가 회생법원에 파산면책을 신청하고 나면 숨죽이고 기다려야 하는 순간이 찾아온다. 과연 법원에서 내 신청을 받아들일지, 혹시 법에서 정하는 기각(각하) 사유에 해당하지는 않을지 전전긍긍하는 시간이다. 파산면책을 받은 채무자는 불편하지만 채무로부터 온전한 자유를 꿈꾼다. 채무자회생법과 회생·파산제도의 취지가 그렇다. 하지만 현실에서 면책받은 채무자의 상황은 예상보다 다양하게 전개될 수 있다. 돈을 떼인 채권자들과 채권을 양수받은 채권추심업자들이 집요하게 독촉하기 때문이다. 회생법원이 면책을 선언했더라도 채무자 입장에서는 뭔가 깔끔하지 못한 새출발일 것이다. 자칫 소모적인 분쟁의 서막이 열릴 수도 있다.

면책확정 뒤 채권자가
비면책채권임을 주장한다면?

사례 1

송파구 석촌동에서 소규모 식자재 물류사업을 하는 A는 B은행으로부터 1억 5000만 원을 빌려 일부는 변제했지만 아직 8000만 원이 남아 있다. 또 C은행으로부터는 2억 원을 빌려 1

억 원을 변제하고 1억 원이 남아 있는 상황이다. C은행은 1억 원에 대한 변제 시기가 이미 지났기에 채무자 A를 상대로 대여 금반환청구소송을 제기해 승소했다. 코로나 시국과 경제 불황으로 어려움을 겪은 A는 결국 2023년 서울회생법원에 개인파산 신청을 한 뒤 면책을 받았다. B은행과 C은행은 각각 파산을 신청할 때 첨부된 채권자목록에 기재되어 있었다.

이 경우 파산면책의 원칙적 효력은 남아 있는 채무 전체에 미치므로 그 책임이 면제된다. 곧 채무자 A는 채권자인 B, C은행에 남아 있는 채무를 변제하지 않아도 된다. 다만, 채무에 대해 책임이 면제되는 것은 채무 자체가 소멸한다는 의미가 아니다. 채무자가 채무를 변제할 책임에서 벗어난다는 뜻이다.

채무자가 면책을 받으면 채권자는 어떤 방식으로든 채무자에게 이행을 강제할 수 없다. 파산절차에서 면책된 채무는 전형적인 자연채무가 된다. 자연채무란 채무자가 이행하지 않은 경우에도 채권자가 그 이행을 소로써 청구하지 못하는 채무를 말한다. 그런데 채무자가 이유 불문하고 채권자에게 변제하게 되면, 유효한 채무 변제가 되어 이를 반환받을 수는 없다. 이런 제도적 허점 때문에 채권자들(혹은 채권을 양도받은 자)은 면책받은 채무자를 상대로 변제독촉을 하는 경우가 있다. 이때 채무자들이 법률적 지식을 몰라서 채권자에게 변제하는 사례가 종종 발생한다.

그러면 B은행이 (의도적으로 또는 실수로) A를 상대로 서울중앙지방법원에 대여금반환청구소송을 제기한다면 A는 어떻게 대처해야 할까? 집행권원 없는 채권자가 이른바 밑져봐야 본전인 소송을 제기하는 경우의 문제다. 이때는 A가 B은행의 소에 응해 당해 채권이 면책되었음을 주장(면책 항변)하기만 하면 된다. 당연히 B은행은 패소할 수밖에 없다.

문제는 B은행이 소를 제기하지 않고 추심업체를 통해 지속적으로 변제를 독촉하거나 독촉장을 보내는 경우다. 이때는 채무자인 A가 채권자인 B은행을 상대로 면책확인의 소를 제기하면 된다. 또는 독촉기관에 직접 면책결정 사실을 알려주면 된다. 실제로 채권자가 채무자의 면책 사실을 모르고 실수로 보내는 경우가 많아 현실적으로 유용한 팁이다.

또 앞에서 언급한 C은행이 채무자 A를 상대로 대여금반환청구소송을 제기해 승소한 사례에서 C은행은 A에 대해 다시 소송을 제기하지 않고 A의 다른 일반 재산에 대한 강제집행을 통해 (혹시나 하고) 채무 변제를 독촉할 수 있다. 그런데 채권자가 채무자에게 면책된 채무에 관한 판결을 가진 경우, A는 C은행을 상대로 청구이의의 소를 제기해 면책 효력에 따른 판결 집행력의 배제를 구할 수 있다. 이때 집행권원이 없는 채권자의 경우처럼 면책확인의 소를 구하는 것은 분쟁의 최종 해결 방법이 아니므로 적절하지 않다.

주 채무자의 면책과
억울한 보증인의 관계

사례 2

40대 중반에 대기업에서 명예퇴직을 하고 마포구 합정동에서 카페를 개업한 K는 P은행으로부터 창업자금 2억 원을 빌리면서 친형 S를 연대보증인으로 세웠다. 합정동과 망원동은 청년세대의 핫플레이스로 한동안 매출이 쏠쏠했다. 하지만 그 뒤 주택가 골목까지 우후죽순 생겨난 카페들과 술집들이 출혈경쟁을 벌이면서 적자가 시작됐다. 엎친 데 덮친 격으로 국내외 경제 불황의 여파로 결국 K는 서울회생법원에 파산 신청을 냈고, 면책결정을 받았다. 이때 주 채무자의 보증인 S는 K의 면책을 이유로 P은행에 대해 자신의 면책을 주장할 수 있을까?

주 채무자의 면책은 오직 자신에게만 영향을 미친다. 따라서 파산채권자가 채무자의 보증인 또는 채무자와 더불어 채무를 부담하는 사람에 대해 갖는 권리 및 파산채권자를 위해 제공한 담보에는 영향을 미치지 않는다. 곧 보증인은 파산면책의 효과를 받지 못하고 잔존 채무 전부를 변제해야 한다. 법률적으로 보증인의 의무이기 때문이다. 보증인의 억울함이 하늘을 찌를 것이다.

대개 채무자의 친족이나 지인이 보증인이 되는데, 이들에게 면책의 효력이 미치지 않는 것은 입법론적으로 문제가 있어 보인다. 채무자 회생·파산제도의 취지에 반할 여지가 있기 때문이다. 자기 혼자만 살자고 선의의 보증인에게 고통을 주는 것은 채무자에게 또다른 압박이 될 수밖에 없다. 이런 상황은 파산 신청을 망설이고 주저하는 원인이 되기도 한다.

만약, 보증인이 면책결정 뒤 채권자에게 보증채무를 이행한 다음 취득한 구상권을 채무자에게 행사할 수 있을까? 보증인의 채무 이행에 따른 구상권은 면책 후 새롭게 취득한 채권이 아니라, 이미 채무자에 대한 장래의 구상권으로 취득한 파산채권이 현실화된 것이므로 채무자는 당연히 면책의 효력을 받는다. 따라서 보증인은 채무자에게 구상권을 행사할 수 없다. 누가 되었든 다시는 보증을 서지 않겠다고 맹세하는 수밖에!

이 사례에서 P은행이 보증인 S에 대해 아무런 조치를 취하지 않아 보증채무가 남아 있게 되었다고 가정해보자. S 또한 경제적 파탄으로 파산 신청을 했는데, 채권자목록에 (동생이 이미 변제한 것으로 판단하고) P은행의 보증채권을 기재하지 않았다. S의 면책결정이 확정된 뒤 P은행이 S에게 보증채무 변제를 요구한다면 어떻게 해야 할까?

파산면책절차에서는 채권자목록에서 누락된 채무도 원칙적으로 면책된다. 곧 채무자가 악의로 채권자목록에 해당 채권의 기재를 누락한 경우가 아니라면, 채권자의 존재를 과실로 누락했다 하더라도 면책받을 수 있다. 앞 사례의 경우에는 보증인 S가 P은행의 보증채권을 채권자목록에 고의로 누락했다고 보기는 어렵다. 따라서 P은행의 변제 요구에 대해 면책되었음을 주장할 수 있다. 이때도 면책확인의 소가 유효한 수단이 된다.

채권자가 면책된 채무에 대해
과도한 추심행위를 한다면?

채무자회생법 제660조 제3항은 면책된 채무에 대해 추심행위를 한 경우 과태료 처분을 받는다고 규정하고 있다. 곧 채권자가 면책을 받은 채무자에 대해 면책된 사실을 알면서 면책된 채권에 대해 강제집행이나 가압류, 가처분 같은 방법으로 추심행위를 할 수 없다는 말이다. 이를 위반하면 500만 원 이하의 과태료에 처한다.

또 '채권의 공정한 추심에 관한 법률'(이하 채권추심법) 제12조에서는 면책 사실을 알면서도 법령으로 정한 절차가 아닌 방법으로 반복적으로 채무 변제를 요구하는 행위를 금하고 있다. 같은 법 제17조 제3항에는 과태료 규정이 있는데, 채권자가 이를 위반해 추심을 한다면 마찬가지로 500만 원 이하의 과태료 처분을 받게 된다.

하지만 현실에서 채무자회생법 제660조 제3항이나 채권추심법 제17조를 적용해 과태료를 부과한 경우가 얼마나 있을까? 실제로 예상치 못한 방법으로 과도한 추심행위가 이뤄졌을 때 채무자가 과연 이 규정의 존재를 알고 적절히 대처할 수 있을까? 더 나아가 대부분이 금융권인 채권자들이나 집요한 추심업자들이 과태료 정도의 금액을 두려워할까?

다른 방법으로 채무자의 고통을 구제할 수는 없을지 고민해봐야 한다. 사실 채무자회생법에서 정한 과태료 이외에 면책 결정이 있었는데도 그 효력을 무시하고 채무자를 괴롭히는 것을 방지할 대책이 우리에게는 없다. 문제는 민사집행법 같은 다른 현행법에도 채무자의 불편함을 보호할 명문 규정이 없다는 것이다.

고명하고 냉정한 입법자들의 세계에서 채무자는 정책적으로 외면받기 쉽다. '면책까지 해줬으면 그 정도 고통은 감당해야 하는 것 아닌가?'라고는 차마 생각하지 않겠지만, 어쨌든 미적지근한 법률 규정과 정합성이 떨어지는 법체계가 존재하는 것은 분명하다. 면책의 항변, 곧 면책확인의 소나 청구이의의 소를 모르는(모를 수밖에 없는) 채무자들에게 법원과 법률은 다시 한 번 두려운 존재가 될 수밖에 없다.

어느 시대, 어느 나라를 막론하고 완전무결한 법과 제도는 존재할 수 없을 것이다. 그렇더라도 좀더 합리적인 법체계를 마련하고 법제도 사각지대를 살피는 것은 그리 어려운 일이 아닐 것이다. 그런 섬세하고 따뜻한 입법자가 존재하지 못하는 우리 현실이 안타까울 따름이다.

한국 채무자회생법의 원조 격인 미국의 연방도산법은 이런 상황에 대해 어떻게 규정하고 있을까? 미국의 연방도산법은 채무자가 면책받은 뒤 면책 항변을 제기하지 않아도 파산 전후에 받은 판결이 무효가 되는 규정이 존재한다. 또 채권 추심을 위한 소송 제기를 차단하는 금지명령으로 그 효력을 인정하고 있다. 한국의 채무자회생법보다 더 근본적인 해결책으로 보인다.

우리에게도 미국의 연방도산법과 같은 규정과 제도가 필요하다. 채무자회생법이나 민사집행법상 면책받은 채권에 대해 소 제기를 금지하는 규정과 강제집행을 하지 못하게 하는 규정을 두는 것이 바람직하다. 이론보다 더 부당한 현실을 살펴보면 '현행 법체계상'이라는 변명을 쉽게 내놓지 못할 것이다. 변명과 외면은 국회(의원)의 헌법상 특권이 아니다.

면책받은 채무자가 꿈에서조차 자유롭지 못하다면 '면책'이라는 용어는 낯 뜨거운 말이 되지 않을까? 입법자들은 보다 근본적인 대책을 강구해야 할 것이다.

청춘 파산의 증가,
결코 남의 일이 아니다

■ ■ ■

청춘 파산의 가장 큰 위험은
미래가 위협받는다는 것

매미 소리가 잦아든 늦여름의 월요일 오전 10시. 회생법원 2층에는 언제나 그렇듯 많은 사람이 모여 웅성거렸다. 복도에는 커피 향과 소음이 퍼지고 있었고, 1호 대법정 앞 의자에는 다양한 연령대의 사람들이 일부는 앉고 일부는 선 채 서성거렸다. 덥수룩한 얼굴의 청년은 두 다리를 떨며 핸드폰을 바라보았다. 그 옆으로 20대 초반의 앳된 두 여성이 앉았다. 불안하고 초초해 보이는 그들은 파산 신청을 한 뒤 채무자 신용교육을 받기 위해 대기 중인 듯했다. 한 사람은 친구일 것이다.

"직원 분이 조금 있다가 이름 부르면 들어오라 그랬지?"

"응. 그런 것 같은데? 근데 여기 이렇게 많은 사람이 신용교육 받으려고 모인 건가 봐."

"경제 상황이 안 좋다고 하더니 나이 많으신 분도 많네. 저기 저 휠체어 탄 할머니 봐."

"오늘 알바는 어떡하지? 오후에 빨리 가봐야 하는데. 교육이 빨리 끝나려나?"

"나는 쉬는 날이라 괜찮은데, 네가 걱정이다. 법원에는 난생처음 와보는데, 원래 이렇게 사람이 많은 건가?"(신기한 듯 바라보는 여성의 눈동자에 호기심과 걱정이 서려 있다.)

"그런데 이번 학기 복학은 할 거야?"

"고민 중이야. 너는 공무원 시험 준비 잘 되고 있어?"

"졸업 전에 꼭 합격해야 하는데…. 아빠 퇴직하시기 전에."

왁자지껄한 주변 소리 때문에 두 사람의 대화가 묻혔다. 누군가는 큰소리로 전화통화를 하고, 누군가는 옆 사람에게 자조 섞인 넋두리를 쏟아냈다.

긴 복도 여기저기에는 핸드폰이나 시계를 쳐다보며 주위를 두리번거리는 이가 많았다. 법원의 출석통지서를 받은 그들 표정 속에는 긴장감과 당혹감이 섞여 있었다. 묘하게 위압감을 주는 법원 내부의 삭막한 풍경이 이들을 더욱 위축시켰다. 손 부채질을 하면서 서류를 부여잡은 그들 손등에 파란 핏줄이 도드라져 보였다. 재판부 담당자인 실무관이 주위를 환기시키며 민원인들을 불러 모았다.

통계는 거짓말을 하지 않는다. 최근 2030세대의 빚이 늘고 있다는 보도가 줄을 이었다. 30대 이전의 회생·파산 신청자 수 또한 꾸준히 증가하는 추세다. 청년세대의 현재와 미래에 빨간 불이 켜지고 있는 것이다. 더불어민주당 양경숙 의원이 제출받은 금융감독원 자료에 따르면, 2023년 2분기 말 기준으로 20대 이하 주택담보대출의 연체율은 0.44%로 전 연령 평균인 0.21%의 두 배를 넘었다. 30대의 연체율 또한 0.17%로 계속 상승 중이었다.

20대는 주로 전월세보증금대출 이자의 연체율이 높고, 30대는 주택 구입을 위한 주택담보대출을 중심으로 연체율이 높아지고 있었다. 연체율 자체도 문제지만 신용불량으로 인한 취업 불이익이나 경제활동의 제약은 중장기적으로 경제성장의 원동력을 떨어뜨리는 중대한 문제가 될 수 있다. 청년층의 경제적 빈곤 문제는 결국 결혼과 저출산 문제로 연결될 수밖에 없다. 나비효과를 떠올리기 전에 무엇보다 인과관계가 뚜렷한 사회현상임을 알 수 있다.

청년층의 회생·파산이
증가하는 이유

서울회생법원 통계에 따르면, 2022년 기준으로 개인회생을 신청한 30세 미만 청년의 비율은 15.2%로, 2020년 10.7%,

2021년 14.1%에서 꾸준히 늘고 있다. 이는 30세 미만 청년세대의 가상화폐나 주식 투자 실패 그리고 경제활동 영역의 확대에 기인한 것으로 보인다. 30세 미만 청년의 변제기간을 3년 미만으로 단축한 회생법원 실무준칙의 영향도 있을 것이다.

회생법원 실무준칙은 회생·파산 업무처리의 통일성을 위한 기준이다. 이 실무준칙 제정으로 3년 미만 단축사건은 전체 사건의 8.4%(1242건)로 비중이 높아졌으며, 평균 단축 기간은 27개월이다. 단축 사유로는 30세 미만의 청년이 64.8%(805건)로 가장 높다.

근본적으로 청년세대의 마음에는 쫓기는 무언가가 있는 듯하다. 누구나 그렇듯 경제적 부를 쌓고 싶은 욕망이 그 근저에 자리 잡고 있어서일 것이다. 이전 세대들보다 경제적 부를 쌓는 과정에 더 밝은 세대가 지금의 청년세대다. 이들은 기성세대보다 훨씬 풍요롭게 살아왔고 돈이 어떻게 세상을 지배하는지 몸으로 체험하고 있는 세대다. 더불어 부동산 등의 자산 하락이나 대폭적인 금리 상승을 경험해보지 못한 세대이기도 하다. 부동산 가격 상승과 저금리에 따른 경제성장 시기에 '빚도 능력이자 자산'이라는 말을 듣고 자랐기에 뜻밖의 경제 불황에 취약한 세대일 수도 있다. 이런 이유로 청년세대를 위한 금융교육이나 신용교육이 필요하지만, 학교에서 이런 교육은 거의 이뤄지지 못하는 실정이다.

또 지금의 20~30대는 각종 대중매체에 그려진 부자들의 삶을 보면서, 아파트 공화국에서 소유권자가 되기를 강요하는 언론의 큰 그림 속에서 성장했다. 이들에게 이른바 '영끌'은 경제활동의 과정이자 결과다. 또 파산의 원인이자 경제적 파탄의 이유가 된다.

청년세대의 대출 연체율이 상승하고 회생·파산 신청자 수가 증가하는 것은 무엇을 의미할까? 무엇보다 코로나 시국을 거치면서 20대가 가장 큰 타격을 받았다는 반증이다. 기업이 채용 규모를 축소하고 자영업자의 매출이 부진한 상황에서 20대의 취업률과 소득은 불안정해질 수밖에 없다. 여기에 부동산 가격 상승과 가상화폐나 주식 투자의 유혹은 무리한 빚을 내기에 적절한 유인을 제공했다. 게다가 청년세대의 신용지수가 낮다 보니 제2, 제3금융권에서 고금리 대출을 받아 생활비나 주거비로 사용할 수밖에 없는 현실적 어려움도 따른다.

파산이라는 덫에
내몰린 청년세대

여기, 상가수첩을 봉투에 넣어 돌리는 여성 인주가 있다. 그녀는 20대에는 신용불량자, 30대에는 파산 신청자가 되었다. 엄마 사업이 부도를 맞으면서 뜻하지 않게 집안 빚을 떠안게 되었고, 서울의 각 동네를 떠돌며 아르바이트를 전전했다. 사당동, 신림동, 신당동, 대림동, 연희동, 개포동까지 누군가의 눈을 피해 일회성 일자리로 생계를 꾸려나갔다. 채권자들과 사채업자들의 끈질긴 추적과 신용불량이라는 꼬리표 때문에 단기 아르바이트밖에 할 수 없었다. 평범한 사회생활은 물론 연애에서도 자유롭지 못했다. 경제활동의 제약은 인생 전반의 제약이 되어버렸다.

파산을 신청할 때 채권자목록에 누락된 이들은 물론이고 목록에 있던 채권자들에게서 빚 독촉을 받는 인주는 쉽사리 멘탈이 붕괴될 법도 하지만 파산과 관련한 법과 제도를 공부하고 버티면서 악착같이 자신의 삶을 앞으로 전진시켰다. 그는 이렇게 이야기한다.

파산면책을 받은 뒤 많은 것이 바뀌었다. 나는 등을 곧게 펴고 걸었고 안경 밑으로 주변을 둘러보지 않게 되었다. 더이상 모자를 눌러쓰지 않아도 되었다. 10년 만에 출옥한 죄수처럼 낯선 편안함을 만끽했다.

이는 소설가 김의경의 작품 《청춘 파산》의 줄거리다. 작가는 원치 않은 상속채무를 떠안은 한 여성이 파산 신청을 하게 되는 과정과 위험하면서도 치열한 극복 과정을 그렸다. 실제로 작가는 소설 속 주인공처럼 집안 부도와 수많은 아르바이트 시장에 내몰린 경험을 가지고 있다고 한다.

"세상에 빚 때문에 고생하는 사람은 빚처럼 널려 있다"라는 작가의 말은 빚에 허덕이면서도 희망을 잃지 않고 끈질기게 삶을 이어가는 이들에게 작은 위로를 건넨다. 어쩌면 작가의 경험이 우리 시대 청춘들의 자화상일 수도 있겠다. 작가의 자전적 경험이 아니더라도 우리 주변에는 또다른 현실적 김의경과 잠재적 김의경들이 존재한다. 이들 중 일부는 개인회생절차를 통해 일정 채무를 변제받고 경제활동을 이어나가겠지만, 불가피하게 개인파산을 신청하는 이들도 있을 것이다.

청춘 파산의 가장 큰 위험은
공동체의 미래 자산이 위협받는다는 것

청춘 파산의 가장 큰 문제는 공동체의 미래 자산이 위험에 처할 수 있다는 점일 것이다. 이들이 정상적으로 경제활동을 하고 각 분야에서 중추적 역할을 해야만 사회의 미래가 존재할 수 있다. 이들이 경제적 취약계층으로 전락했을 때 사회가 감당해야 할 손실은 헤아리기 어려울 정도로 클 것이다.

소설 속 주인공처럼 구조적 가난의 대물림은 미봉책에 불과한 몇 가지 사회경제적 정책으로는 해결할 수 없다. 부모의 사회적 신분이나 경제력 차이에 따른 교육 격차와 스펙 문제를 생각해보라. 취업 낭인, 취준생, 취업준비 준비생이라는 웃지 못할 용어들은 대부분 이 문제들에서 나온다.

이를테면 고시낭인의 폐해를 막기 위해 도입한 로스쿨제도는 그 의도와 달리 현대판 음서제의 서막을 열었다. 판검사 부모와 변호사 자녀로 구성된 가족, 거대 로펌과 사법부와 검찰을 오가는 신흥귀족 계급이 탄생한 것이다. 현자들이 우려했던 것처럼 드라마틱한 상황이 현실에서 전개되고 있다.

'청춘 파산'은 비단 소설 속 주인공인 인주만의 이야기는 아니다. 우리 주변에서 흔히 볼 수 있는 이야기일 것이다. 대학 등록금 대출과 전월세보증금대출, 생계를 위한 다양한 경제활동에서 쌓이는 빚들은 언제든 '청년 파산의 위험'으로 작용할 수 있다.

최근 통계청 발표(경제활동인구조사에서 청년층 부가 조사)에 따르면, 2023년 5월 기준으로 청년층(15~29세) 인구 841만 6000명 가운데 재학·휴학생을 제외한 최종학교 졸업자(수료·중퇴 포함)는 452만 명이고, 이 가운데 126만 명이 취업하지 못한 상황이다. 청년층 인구의 14%에 해당하는 126만 명이라는 숫자는 무엇을 의미할까? 우리 사회의 미래에 다른 버전의 청년 인주의 이야기가 잉태되고 있다는 의미로 들린다.

제도적으로는 청년세대(20~30대)의 시간과 근로 능력을 이유로 파산면책에 소극적인 법원의 태도가 개선되어야 한다. 또 파산면책 이후 지속적으로 채무자를 괴롭히는 이들에 대한 대책을 강구해야 한다. 청년의 오늘이 우리 사회의 내일임을 자각하는 인식 개선 역시 필요하다. 무엇보다 청년세대의 경제활동과 우리 사회의 미래를 연결 짓는 거시적 정책을 펴는 것이 선제요건일 것이다.

누군가에게는 20대나 30대가 아름다운 시절이었겠지만, 인주처럼 파산이라는 절벽 앞에 서 있는 이들에게는 안전벨트 없는 롤러코스터를 타는 것처럼 공포나 불안의 시절로 기억될 것이다. 우리 삶은 낭만적 이상향 속에 고통의 뿌리를 깊숙이 숨기고 있다.

위니아 사태로 바라본
법인회생절차와 김장의 상관성

■ ■ ■

올해 김장은 어디에 보관해야 할까?

"우리 딤채 김치냉장고 쓰고 있는데 앞으로 문제없을까?"

"우리 집도 쓰는데, 어쩌지?"

동창 모임에서 한 친구가 위니아의 회생 신청 기사를 봤다며 물었다. 이 친구는 딤채 김치냉장고에 대한 충성도가 커서 그런지 동일한 브랜드만 벌써 세 번째 사용 중이라고 한다. 김치냉장고만 두 대를 가지고 있다고 하니, 냉장고의 효용가치가 큰 집이긴 하다. 사실 우리 집도 위에서 뚜껑을 여는 딤채 초기 모델을 아직 사용하고 있다.

"영업 중단이나 생산라인 중지 같은 상황이 일어나지 않는 이상 판매나 서비스에는 별 문제가 없지 않을까?"

여러 경제신문이나 인터넷 매체에서 기업들의 생사존망에

대한 소식을 알려준다. 누구나 다 아는 대기업부터 사람들이 잘 모르는 중소기업까지 기자들의 관심은 폭이 넓다. 일반 시민의 주목을 받는 기삿거리는 주로 건설업체나 가전제품 같은 생활과 밀접한 제품을 만들어내는 기업들이다. 만약 자신이 살고 있는 아파트브랜드나 사용하고 있는 냉장고, 텔레비전 생산 기업이 법인회생을 신청했다는 소식을 접한다면 사람들은 어떤 반응을 보일까?

기업의 법인회생·파산 신청은
누군가의 밥벌이와 맞닿아 있다

기업의 경영 부실에 따른 법인회생·파산 신청은 사회적으로 파급력이 크다. 경제 이슈를 주로 기사화하는 매체들을 보면 최근 위니아의 회생절차를 주로 다루었다. 중소규모 항공사나 건설사 부도도 다루고 있지만 우리 실생활에 미치는 영향은 냉장고를 이기지 못한다. 국내 김치냉장고 시장은 위니아, 삼성전자, LG전자 3사가 경쟁 중이고, 딤채를 앞세운 위니아가 최근 3년간 대략 40%대 점유율을 보였다.

위니아는 김치냉장고, 전기밥솥 같은 주방·생활가전을 주력으로 하는 가전 전문기업이다. 그런데 2023년 10월 원자재 가격 상승 등 채산성 감소와 소비 위축, 주가 하락으로 인한 유동성 악화를 이유로 서울회생법원에 법인회생을 신청했다.

경제신문에서는 연일 위니아의 경영 속사정과 대표자 문제 등을 보도했지만, 기업의 내부 사정이나 오너 리스크는 소비자들이 알 수도 없고 관심 사항도 아니다. 소비자들은 현재 가지고 있는 제품의 AS 여부에 조바심을 낼 뿐이다.

기업은 소비자는 물론 고용된 노동자의 생계에 큰 영향을 미친다. 사회적으로 큰 숙제를 남겼던 쌍용차 회생사태까지 가지 않더라도 크고 작은 기업의 회생·파산이 한 가정의 밥상에 온전히 파급력을 가진다는 걸 많은 사람이 직간접적으로 경험했을 것이다.

도급순위가 상당한 건설회사의 부도나 파산은 그와 관련된 협력업체나 하청업체의 줄도산으로 이어져 수많은 가정에 시름을 안긴다. 항공사의 파산은 그 종사자는 물론 여행업계에까지 상당한 영향을 미친다. 코로나 장기화로 기초체력이 떨어진 여행업계의 불황은 이 분야에서 일하기 원하는 청년층의 취업 상황과도 관련을 맺는다.

위니아는 광주나 전남 지역에 협력업체가 산재해 있다. 직접 고용된 근로자는 500여 명이지만, 200여 협력업체에 고용된 이들이 2만 명을 넘는다. 위니아 사태로 생계를 위협받는 가족 구성원이 대략 7~8만 명에 이를 수도 있다는 말이다. 위니아그룹 계열사까지 합하면 협력사는 450여 곳으로 늘어나 기업 줄

도산의 위험성은 더 커질 전망이다. 기업회생이나 기업파산은 이처럼 사회적으로 큰 파괴력을 가진다. 광주광역시나 광주경영자총협회가 재빨리 손발을 걷어붙이고 나선 이유다.

회생법원의 법인회생절차는
어떻게 진행될까?

기업이 경영 악화나 유동성 위기로 부실기업이 된 경우 구조조정 방식에는 크게 두 가지가 있다. 첫째는 채무자회생법에 따른 법인회생절차고, 둘째는 기업구조촉진법에 따른 공동관리절차다. 공동관리절차는 법원의 관여 없이 이해당사자 사이의 자율적 협의에 따라 구조조정을 진행하는 것이다. 기업구조촉진법은 한시법으로 2023년 10월 15일 기준으로 일몰된 상태다.

기업이 부도 위기에 처했을 때 투입되는 금융권의 정책자금이나 지자체의 세금 감면 혜택은 단기적이며 미봉책에 불과하다. 좀더 근본적인 대책은 정상적으로 제품을 생산하고 영업할 수 있는 기업으로 되돌리는 것이다. 회생법원의 법인회생절차가 의미를 갖는 것은 바로 이 부분이다.

회생법원의 법인회생절차는 회생개시 신청, 심사, 개시 결정, 제1회 관계인집회, 회생계획안 제출명령, 회생계획안 제출, 제2, 3회 관계인집회(회생계획안 심리 및 결의), 회생계획안 인가,

회생계획 수행, 회생절차 종결의 순서로 진행된다.

개시 결정 단계에서는 우선 제1회 관계인집회 기일 지정, 채권목록 제출기간 및 채권 신고기간, 채권 조사기간을 결정한다. 이때 채권목록을 제출받아 시부인표를 작성하고 신청 기업의 재산 실태와 기업가치를 조사한다. 개시 결정을 할 때 관리인이 선임되면 채무자는 업무수행권과 관리처분권을 상실하고, 이 권한은 관리인에게 전속한다.

현재 법인회생절차는 기업의 불안감을 해소하고 신속하면서 공정하게 진행하기 위해 새로운 제도 아래에서 시행되고 있다. 패러다임의 변화로 패스트트랙Fast Track 기업회생절차, 간이회생절차, 프리패키지플랜Pre-Packaged Plan의 활성화, 신규자금 지원시장의 조성절차 등이 실무에서 시도되고 있다.

패스트트랙 기업회생절차의 목적은 절차가 진행되는 기간을 획기적으로 단축하고 이해관계인의 참여를 확대하며, 시장 요구에 맞춰 효율적으로 절차를 이행하기 위한 것이다. 이 제도는 신속한 진행과 조기 종결을 특징으로 하는데, 회생 신청 기업의 조속한 복귀를 도모한다.

간이회생절차는 중소기업과 자영업자에 초점을 맞춘 회생절차로, 저렴한 비용으로 쉽고 빠르게 기업이 재기할 수 있도록 돕는다. 따라서 신청 자격에 일정한 제한이 있고, 절차 측면에서는 간이조사위원을 두어 회생계획안 가결 요건을 완화했다.

프리패키지플랜은 사전 회생계획안 제출제도로, 채무 조정과 신규자금 지원이 병행된다는 특징이 있다. 이 제도는 신규자금 지원이라는 워크아웃의 장점과 채권자 평등을 전제로 채무를 조정하는 회생절차의 장점을 합한 것이다. 채권자 주도로 신규자금 지원 방안을 포함한 기업의 회생계획안을 수립하는데, 회생법원이 이를 인가하면 기업 정상화 작업이 신속하게 진행될 수 있다. 흔히 P플랜이라 불리는 이 방식은 회생절차 진행에 따른 낙인효과를 없앨 수 있다는 큰 장점이 있다. 이 방식의 하나로 스토킹호스Stalking Horse Bid 방안이 주목을 받고 있다. 이는 공고 전 인수 희망자와 조건부 인수계약을 체결한 뒤 매각공고 절차를 통한 공개경쟁입찰을 진행하는 방식이다.

법인회생절차에서는
'계속기업가치' 판단이 핵심이다

법인회생의 목적은 재정상 어려움에 처한 기업이 '계속기업가치Going Concern Value'를 유지하면서 사업을 이어나가도록 하는 것이다. 계속기업가치가 '청산가치Liquidating Value'보다 클수록 회사는 물론 이해관계자에게도 이익이 된다. 전자가 후자보다 클수록 주주들은 투자금을 보존할 수 있고, 채권자들은 더 많은 변제를 받을 수 있으며, 직원들은 계속 일할 수 있다.

계속기업가치는 기업을 계속 존속시키면서 정상적인 영업 활동을 해나갈 때 얻을 수 있는 경제적 가치를 말한다. 법인회생절차에서 가장 중요한 개념으로 회생절차의 진행 여부나 회생계획안을 존속형으로 할 것인지, 청산형으로 할 것인지를 결정하는 기준이 된다.

청산가치는 기업이 청산으로 소멸되는 경우 기업의 개별 자산을 분리해 처분할 때의 가액을 합산한 것이다. 이는 이해관계인에게 보장되어야 할 최소한의 몫이다. 실무적으로 청산가치에 대해서는 별다른 다툼이 없지만 계속기업가치에 대해서는 기업의 현재 가치와 회생 후 미래의 성장 가치가 포함되는 만큼 다툼이 크다.

다시 말하지만, 법인회생절차의 핵심은 기업이 다시 정상적으로 운영되도록 만드는 것이다. 법원의 회생절차는 개인이 병원에서 치료를 받는 것과 같다. 아물지 못한 상처가 또다른 감염으로 인해 더 큰 병으로 나아가지 못하도록 항생제나 치료제를 투여하는 것처럼, 회생절차는 기업의 썩은 환부를 도려내고 치료제와 더불어 예방 백신까지 투여해 건강한 회사로 거듭나게 하는 것이다. 문제는 이런 절차가 지연되거나 회생절차로 끝나지 않고 파산절차로 변경될 때다. 그렇게 된다면 그 파급효과가 막대할 것이다.

김치냉장고는 김장철에 잘 팔리는 한철 장사의 대표 품목이다. 가을이나 초겨울에 일 년간 생산한 제품을 대부분 소진시켜야 한다. 언론에 따르면, 위니아의 회생 신청 이후 생산라인에서 만들어지는 김치냉장고가 전년 대비 1%에 그쳤다고 한다. 공장이 가동되지 않아서다. 현장 근로자들이 제대로 일하지 못하고 있고, 협력업체들의 긴밀한 협조가 이뤄지지 않는 불편한 상황이 계속되고 있는 것이다.

겨울의 낭만은 김치에서
저녁 식탁으로 흐른다

이제는 눈 내린 장독대나 뒤뜰 항아리에서 김치를 꺼내 먹는 낭만이 없다. 김치냉장고의 편리성이 겨울 낭만을 대체하고 있어서다. 끼니마다 새콤하게 익어가는 배추김치와 동치미를 꺼내 밥상에 올린다. 보랏빛 갓김치는 별미다. 우리가 차렸던 수많은 밥상은 고단한 밥벌이의 결과이자 숭고한 생존의 현장이다.

회생법원에 접수된 기업의 회생 신청에는 수많은 가족의 밥상이 달려 있다. 기업의 생사존망은 누군가의 밥벌이와 함께 세상의 낭만을 앗아갈 수 있다. 그런 까닭에 법인회생절차를 담당하는 판사와 관리위원, 조사위원들의 어깨는 무겁고 엄중하다. 그들의 심사와 결정에 수많은 이의 저녁 식탁이 달려 있기 때문이다.

"김치냉장고에 맥주나 막걸리 넣어두면 기가 막히지 않아?"

"그렇지. 술도 그렇지만 수박이나 포도 같은 과일도 시원하기가 말할 필요가 없지!"

"그런데 아무리 냉장고 성능이 좋아도 우리 어릴 적 땅속 항아리에서 퍼온 김치맛보다는 못한 것 같아."

"말하면 뭐해. 초등학생 키보다 더 큰 항아리에서 바로 꺼낸 배추 동치미는 어떻고. 살얼음이 동동 떠 있는 시큼한 국물, 생각만 해도 군침이 도네."

친구들끼리 김치냉장고의 다양한 용도와 예전 김치 맛에 대한 대화가 오갔다. 온갖 추억과 미각이 불러들인 수십 년 전 밥상이 눈앞에 그림처럼 펼쳐졌다. 할머니와 어머니의 손맛과 정성 어린 김치 이야기는 중년들의 대화에서 꽃처럼 피어났다. 보고픈 얼굴과 그리운 맛을 다시 소환할 수 있을까?

친구들과 저녁 모임 중 시골 어머니에게 전화가 왔다. 올해는 12월 중순 김장을 할 예정이라고 한다. 시골집에는 4남매에게 보낼 김치를 보관할 냉장고 네 대가 가동 중이다. 무한한 어머니의 사랑처럼 곰삭은 김장김치는 계속 발효될 것이다. 저녁이 익어갈수록 "위니아는 어떻게 될까? 취준생인 자녀들 취업은 언제 이뤄질까? 노후준비는 어느 정도 해야 적당할까?"같은 식탁 위 이야기들 또한 끊임없이 재생산되고 발효되었다.

상속재산 파산제도를 아시나요?

■ ■ ■

우리는 자녀들에게
무엇을 남겨줄 수 있을까?

사건기록들을 보다가 업무용 PC에 눈길이 멈췄다. 기록을 들추다 보면 때때로 가슴 아픈 사연들을 만난다. 눈길을 끈 사건은 외아들을 불의의 사고로 먼저 떠나보낸 홀어머니가 상속재산 파산 신청을 한 사안이었다. 신청서와 첨부서면을 보고는 가슴 한쪽이 먹먹했다. 종이 몇 장으로 남아 있는 아들의 부존재 증명을 바라보는 엄마의 마음은 어떨까? 어머니는 앞으로 어떤 심정으로 살아갈까? 사업을 했던 아들의 빚을 처리하기 위해 법원으로 향하는 발걸음은 또 어땠을까?

우리 삶에는 사칙연산의 모든 기호가 사용된다. 더하고 빼고 곱하고 나누는. 수학적으로는 연산기호에 따른 계산 순서나 방법이 있지만, 그 약속이 인간의 삶에는 적용되지 않는다. 누군가의 삶은 마지막에 마이너스 기호만 남는다.

이 사건은 예외적이다. 대부분의 상속재산 파산 신청은 부모가 돌아가신 뒤 자녀들이 한다. 최근 아버지가 돌아가신 A는 황망한 마음으로 상을 치렀는데 더 황당한 상황을 마주했다. 그럭저럭 사업을 영위하며 남매를 키우던 아버지에게 그토록 많은 채무가 있을 줄 몰랐던 것이다. 아버지에게는 오래된 아파트가 한 채 있었고, 또 연금으로 생활하고 있었기에 자녀들은 빚의 존재를 상상조차 하지 못했다. 어찌 되었든 '안심상속 원스톱서비스'를 통해 17개 항목의 상속재산 내역을 한꺼번에 조회할 수 있었다. 그나마 이런 서비스가 있어서 다행이었다.

돌아가신 부모의
채무 정리가 고민이라면?

A는 '이걸 어떻게 해결해야 하나' 고민하다가 결국 변호사인 친구 B에게 물었다.

"그건 상속을 포기하거나 한정승인을 통해 채무를 정리하면 되는데, 보다 근본적으로는 상속재산 파산 신청을 하면 더 바람직하지."

법률지식에 문외한인 A는 친구의 설명만 듣고도 머리가 빙빙 돌았다. 법과는 거리가 먼 공대 출신이어서 친구에게 좀더 상세한 조언을 구했다.

"사람들이 대부분 상속 포기나 한정승인으로 해결하려 하는데, 사실 그것도 머리 아파. 민법상 절차는 언뜻 단순해 보이지만, 상속 포기는 민법상 상속 순위에 있는 모두가 포기해야 의미가 있어서 혹시 누군가 누락되면 골치 아픈 일이 벌어지기도 하거든. 한정승인은 공고나 통지 등 일체의 청산절차를 상속인이 직접 진행해야 하고, 상속채권자들의 개별 소송이나 강제집행에 대해서도 알아서 대응해야 하는데, 법률전문가가 아니고서는 개인이 진행하기는 어려워. 어디에서 어떻게 해야 하는지, 채권자가 누구인지 파악하고 있어야 하고, 특히 피상속인의 경제활동 규모가 크고 그 내용에 대해 상세히 알지 못하는 경우에는 문제가 발생할 소지가 커. 따지고 보면 상속재산 파산은 상속재산 청산을 위한 제도 중 가장 공정하고 엄격한 절차라고 할 수 있어. 상속재산 파산을 신청하면 모든 재산이 파산재단을 구성하고, 법원이 선임한 파산관재인에 의해 청산절차가 진행되어 복잡한 권리관계까지 일률적으로 처리할 수 있지. 상속채권자 입장에서도 법원이 진행하는 청산절차를 더 신뢰할 수 있다는 장점도 있고 말이야."

"혹시 자녀들이 부모의 빚의 존재를 모른 채 시간이 지나면 어떻게 되는 거야?"

"그런 일이 닥치면 되게 복잡한 상황이 전개되지. 실제 사례도 많이 있는데, 상속 포기나 한정승인도 없이 단순 상속이 이뤄졌다면 어쩔 수 없이 모든 채무를 상속받게 돼서 자녀들이 뜻하지 않은 어려움에 처할 수 있어. 그래서 상속재산 파산이라는 제도가 의미가 있는 거지."

"그럼, 상속재산 파산 신청을 하려면 어떻게 해야 해? 그걸 자네가 대리해주면 안 될까?"

"허허어. 변호사 수임료는 에누리 없이 원칙대로 하는 거지? 그런데 너는 아버지하고 어떻게 지냈기에 집안 속사정도 모르고 살았어?"

"보이는 게 전부인 줄 알았지. 막상 그런 사정이 있는지 부모님이 얘기를 하지 않으면 잘 모르기도 하고."

상속재산 파산 신청과
그 처리 과정

A의 친구이자 대리인인 변호사 B는 상속재산 파산 신청서를 작성했다. 신청서에 신청인과 채무자(망인의 상속재산)를 기재하고, 파산선고와 더불어 파산관재인을 선임해달라는 신청 취지를 기재했다. 신청서와 함께 서울가정법원의 한정승인 결정문, 피상속인의 사망 관련 서면, 적극재산(고인의 남은 재산 전부)과 소극재산(빚으로 표현되는 채무 전부)에 관한 증명, 상속비

용에 관련된 서류를 첨부했다.

신청인(대리인 포함)이 상속재산 파산을 신청하면 회생법원에서는 다음과 같은 순서로 절차가 진행된다.

1. 담당 재판부 판사가 상속재산 파산을 선고하고 당해 사건에서 주도적 역할을 할 파산관재인의 선임을 결정한다.
2. 파산관재인은 당해 사건에 관한 채무자의 기본 정보와 채권·채무에 대해 조사해 보고한다.
3. 채권자집회에서 이해 당사자들의 진술을 듣고 파산관재인의 진술이 기재된 파산관재인 보고서를 끝으로 자산 매각에 관한 절차가 진행된다.
4. 부동산이 있는 경우 부동산에 대한 파산선고 기입등기를 촉탁하고 재판부로부터 매매계약 허가를 받아 부동산 매각을 진행한다.
5. 동산 등 각 재산에 대해 환가절차가 끝나고 채권자들에 대해 최후 배당이 되면 절차는 채무자 파산종결 공고로 마무리된다.

물론 상속재산 파산절차를 이용하더라도 상속재산에 대한 세금(취득세 등)은 납부해야 한다. 이에 대한 의문이 있긴 하지만, 상속재산 파산제도는 상속 재산이 파산재단으로 바뀌어 그 관리처분권이 파산관재인에게 귀속될 뿐 상속 본연의 효과는 사라지는 것이 아니기 때문이다. 이는 상속에 대한 한정승인을 하더라도 마찬가지다.

상속재산 파산제도는 장점이 많은데도 신청 비율이 낮다. 서울회생법원에 제출된 2023년 9월 파산 신청 수 총 722건 가운데 상속재산 파산 신청이 21건(2.91%)이었다. 연중 통계로 보더라도 이와 비슷한 비율이다.

왜일까? 그 이유는 첫째 상속재산 파산제도와 그 장점에 대한 홍보가 제대로 되어 있지 않고, 둘째 상속재산 파산제도가 파산제도의 일종이기에 신청인이 '파산'이라는 사회적 낙인을 의식하지 않을 수 없으며, 셋째 아직까지 신청 자체가 어렵다는 선입견이 많아서다. 따라서 민법상 한정승인과 재산분리제도를 통합해 상속재산 파산으로 제도를 일원화시키는 입법도 고려해볼 만하다.

자산과 빚의 대물림,
부자 아빠와 가난한 아빠의 명암

한때 부자 되기 프로젝트의 일환으로 유행이었던 《부자 아빠 가난한 아빠》라는 책이 떠올랐다. 재테크 분야에서 베스트셀러였던 이 책은 로버트 기요사키가 썼다. 그는 부모들에게 부자 부모로 생존하는 법을 알려주고 싶어 했다. 이 책을 읽은 수많은 사람이 부富에 대해 다시 생각했을 것이다. 돈과 부자에 관한 생각 그리고 행동의 차이가 누군가를 부자로 만들거나 가난한 이로 만든다는 저자의 생각에 고개를 끄덕이지 않았을까.

하지만 우리가 주목해야 할 것은 아무리 노력해도 개선되지 않는 현실의 벽과 장애다. 기요사키의 말처럼 현금 흐름과 시간과 사람을 관리하고, 보다 근본적인 두려움을 분석한다 해도 누구나 부자가 될 수 있는 건 아니다. 여기에는 필요충분조건과 복잡성이라는 변수가 개입하기 때문이다. 우리 현실은 생각보다 복잡해서 몇 개의 그럴듯한 공식으로 풀이하거나 이해할 수 없다. 단순한 사칙연산에 시공간적 차원이 더해져 답을 구할 수 없는 문제가 되어 있다.

부자 부모가 되어 자녀들에게 경제적 안정을 제공하는 부를 물려주는 것은 부모의 본능이자 희망이다. 어떤 부모는 아파트와 주식을 남겨주기도 하겠지만, 어떤 부모는 적극재산은 고사하고 소극재산만 잔뜩 물려주고 떠나기도 할 것이다.

채무만 남긴 채 떠난 부모를 자녀들은 어떻게 생각할까? '왜 우리 부모는 이토록 가혹한 현실을 물려주었을까?' 아니면 '어떻게 살았기에 결국 마이너스인 인생이 되었을까?'라고 바라볼까? 부모의 빚은 그 자체도 부담이지만 자녀들 성장 과정에 어떤 식으로든지 생채기를 주기 마련이다. 의도하지는 않았겠지만 부모의 부채가 자녀들의 생을 갉아먹을 수도 있다.

우리는 자녀들에게
무엇을 남겨줄 수 있을까?

최근 라디오 음악프로그램을 듣다가 상속에 관한 광고가 나왔다. 유명 배우가 출연하는 상속신탁에 관한 광고였다. ○○ 은행의 유언대용신탁에 관한 이야기였는데, 아마도 그 배우가 몇 년 전 방영되었던 인기 드라마 〈기막힌 유산〉에 출연한 덕분일 것이다.

"우리 나이에는 재산을 물려주는 게 걱정이죠? 내 재산 내 뜻대로 상속하고 싶다면?"

신탁상품 광고 멘트를 듣는 이들의 머릿속에는 상반된 생각이 교차했을 것이다.

'바로 내 얘기야. 어차피 아이들에게 물려줄 건데 당장 ○○ 은행에 가서 한 번 알아볼까? 피 같은 세금도 절약할 수 있는지 물어보자.'

'쓸데없는 얘기네. 노후에 먹고살 것도 없는데. 자기 인생은 자기가 알아서 해야지.'

네 아이의 부모로서 아이들에게 무엇을 남길 것인지 생각해보곤 한다. 세상 모진 풍파를 이겨내고 살아갈 수 있는 강한 정신 그리고 자신과 타인을 향한 다정다감함이면 족하지 않을까? 물론 부모가 원한다고 물려줄 수 있는 건 아니지만, 부모가 먼저 행동으로 보여준다면 언젠가 그 진가가 나타나지 않을까.

　우리 삶은 사칙연산부터 미적분을 지나 행렬에 이르기까지 복잡한 과정을 거치지만, 공식 없이 진행되다가 마땅한 해解 없이 사라진다. 평범한 이들의 삶이 대부분 그렇다. 다시금 자녀를 먼저 떠나보낸 어머니에게 심심甚深한 위로를 건넨다. 부모의 남겨진 삶을 깔끔하게 정리할 수 있도록 도운 상속재산 파산 제도에도 적잖은 고마움을 느낀다.

3장

불편하지만
누군가는
해야 할 일들

불편하지만 누군가는
해야 할 일의 속사정

■ ■ ■

회생법원 사람들의 하루

불편하지만 누군가는 해야 할 일이 있다. 그런 일일수록 중립적인 입장에서 처리해야 한다. 누군가의 평범한 루틴이 다른 누군가에게는 운명의 하루가 될 수도 있으니. 특히 공적 업무영역에서 담당자의 평범한 하루는 어려운 처지에 있는 누군가에게는 인생을 좌우할 중대한 하루가 될 수도 있다.

법원은 늘 다툼과 분쟁의 전운이 감도는 곳이다. 법원 근처에서는 허공의 바람마저 매섭다. 당사자주의가 원칙인 재판 업무의 특성상 갈등과 이해관계는 상존한다. 민사소송에서의 원고와 피고는 물론이고 형사소송에서도 검사와 피고인이라는 당사자 대립구조는 유지된다.

회생법원의 회생과 파산 업무는 특성상 비송사건 영역에

속한다. 비송사건은 소송의 당사자주의(소송 당사자가 주도권을 가지고 소송을 진행하는 것)가 적용되지 않고 직권탐지주의(소송 절차에서 법원이 주도적 지위를 가지고 적극적인 역할을 하는 것)가 원칙이다. 하지만 원고와 피고가 서로 대립하는 당사자 구조가 아닐지라도 회생이나 파산 신청인(채무자)과 불이익을 받는 채권자들 사이의 갈등과 감정 대립을 바라봐야 하는 불편함이 있다. 이 때문에 회생법원 구성원들은 난데없는 봉변을 당하기도 한다.

회생법원에서는 판사와 법원 공무원(회생위원 포함), 관리위원과 파산관재인 등이 함께 일을 한다. 이들은 서로 독립적이면서도 지원과 보조 역할을 하며 법인회생·파산, 개인회생·파산 사건을 처리한다. 회생·파산제도가 추구하는 이상과 불편한 현실 사이에서 저녁을 밝혀 일하는 이들의 애로와 고충, 그들만의 속사정을 살펴보자.

접수 담당 공무원 K의 하루

K의 업무는 신청사건을 접수받아 해당 재판부나 회생위원에게 인계하는 역할이다. 단순하게 사건을 접수하는 것만이 아니라 신청인이 접수 단계에서 묻는 다양한 절차 등을 설명해줘야 한다. 그러다 보니 역설적으로 말 없이 서류만 접수하고 돌

아서는 민원인이 고마울 때가 많다.

K가 접수받은 신청서는 바로 뒤편의 다른 직원에 의해 필수 사항이 입력되어 사건 유형(개인회생·파산, 법인회생·파산)에 따라 담당 재판부나 회생위원에게 배분된다. 때로는 오전 9시가 되기 전부터 줄을 서 있는 민원인과 점심시간이 임박한 11시 55분에 도착한 신청인 때문에 불편할 때도 있지만, 그들의 어려운 상황을 떠올리면 본인 사정은 속으로 삼킬 수밖에 없다. K는 이 업무를 맡으며 가능하면 점심 약속을 잡지 않고 구내에서 해결한다.

회생이나 파산절차는 접수 때부터 상당한 시간이 필요한데, 어떤 신청인은 마치 등기사항증명서나 인감증명서 발급처럼 신속한 처리를 요구한다. 답답한 마음에 업무처리절차에 대해 대략적으로 설명을 해줘도 가끔 듣기 힘한 말로 되돌아오면 이른바 '현타'가 오기도 한다.

"접수 업무를 담당하면서 가장 힘든 점은 접수 단계에서 이 사건이 언제 처리되는지, 부족한 서면은 없는지, 어떻게 결론이 날 것 같은지 같은 신청인의 질문이에요. 담당 공무원 입장에서는 어느 것 하나 쉽게 답할 수 없는 것이어서 접수 이후 후속 절차 정도만 설명해드리는데, 가끔 '이런 것도 모르면서 여기에 왜 있느냐'라는 질책이 돌아올 때면 많이 불편합니다."

그럼에도 회생·파산절차를 통해 새롭게 경제활동을 시작

한 이들이 남기는 한마디, "선생님, 고맙습니다. 수고하세요"라는 인사와 박카스 한 병 때문에 보람을 느낀다. 밝은 인사를 받으면 조심스럽게 '다시는 회생법원에 오지 마세요. 건강한 새출발을 기원합니다!'라고 마음속으로 답례한다.

종합민원실에는 사건 접수, 열람·복사, 제증명 등을 처리하는 공무원과 뉴스타트 상담센터 상담위원이 근무하면서 회생·파산 신청인들을 맞이한다.

회생위원 Y의 하루

회생위원은 개인회생사건을 담당한다. 사무관인 회생위원 Y는 출근하는 데 1시간 30분이 걸린다. 유명한 2호선 지옥철에서 유체이탈을 경험한다. 정신을 차리기 위해 마시는 아침 커피는 쓰디쓰다. 채무자들이 제출한 서면과 변제계획안을 검토하며 마시는 커피는 더 쓰다. 전자 신청으로 접수된 사건을 두 대의 모니터로 보노라면 눈마저 시리다. 일찌감치 찾아온 노안이 원망스럽다.

매일 새로운 사건이 4~5건씩 쏟아진다. 배정된 사건 수와 비슷하게 일을 처리하지 못하면 일감은 계속 쌓인다. 출근하자마자 옆자리 동료와 눈인사만 나누고 자신의 사건에만 집중한다. 새로 접수된 사건을 정리하고, 진행 중인 사건에서 부족한 사항에 보정명령을 내리고, 결재를 올린 사항의 승인 여부를 살피다 보면 어느새 점심시간이 코앞이다. 특별한 약속이 없는 날은 우르르 구내식당으로 향한다. 메뉴 선택의 자유는 없지만 오히려 고민하지 않아도 되어서 편하기도 하다.

개인회생에서는 변제계획안을 작성하고 그것을 심사하는 것이 가장 중요하다. 변제계획안에는 자신과 가족의 생계비를 제외하고 미래소득으로 3년 동안의 변제계획이 들어 있어야 한다. 양심적인 신청인도 있지만, 때로 뻔히 보이는 거짓과 기망이 존재하기도 한다. 오죽하면 그럴까 싶은 생각이 들면서도 그만큼 피해를 보는 채권자 입장을 헤아리면 그냥 넘어갈 수는 없다. 빠른 진행을 위해 전화를 들고 채무자(혹은 그 대리인)에게 추가 입증을 요구한다. 때로는 전화기 저편에서 "거 대충 좀 하지, ○○"라는 거친 욕설이 날아오기도 한다. 월급쟁이의 비애와 공무원의 설움이 분노의 쓰나미로 밀려온다. '성질 많이 죽었네' 하며 자조하는 Y의 머릿속에 중학생인 막내의 얼굴이 떠오른다.

"회생위원으로서 가장 힘든 점은 뻔히 속내가 보이는 사건인데도 서면만 보고 사건을 처리해야 할 때예요. 보정명령을 내릴 만한 법적 근거가 분명한 사건에서 딱한 사정이라는 심정적이유로 업무를 처리할 수는 없으니까요. 계속 비슷한 사건을 처리하다 보면 무감각해질 때가 있는데, 이때가 조심해야 할 순간이에요. 가능한 한 하나의 사건을 개별적으로 판단하기 위해 최대한 중립적으로 바라보려고 노력합니다."

서울회생법원에서는 내부와 외부 회생위원 40여 명이 한 달 평균 약 2000건씩 접수되는 개인회생사건을 처리하고 있다. 이들에게 야근은 필연적이다. 하루 두 끼를 구내식당에서 먹고 나면 저절로 집밥이 그리워진다.

파산 담당 판사 J의 하루

회생법원에서 판사들은 법인회생·파산 사건과 일반회생, 개인파산 업무를 번갈아 맡는다. 회생·파산 업무의 전문성과 제반 관련 업무지식은 필수다. 당사자의 이해관계와 분쟁을 판결하는 절차보다 채무자와 채권자의 유불리가 분명한 비송절차에서는 엄정한 판단이 중요하기 때문이다. 회생법원은 전문법원으로 판사들 사이에서도 가장 인기가 좋아 전입 경쟁이 치열하다.

법인회생·파산은 신청사건 수는 적지만 적격심사를 둘러싼 이해관계가 복잡하고 그 파급효과가 막대하다. 자본주의의 근간을 이루는 기업들의 생사존망에 관한 문제는 국가 경제는 물론이고 시민의 생계와 밀접하게 이어지기 때문이다. 따라서 법인 사건은 판사 3인이 합의체를 구성하는 합의부에서 담당한다. 최근에는 부동산 경기침체에 따른 건설회사의 회생·파산 신청이 눈에 띄게 늘고 있다.

　개인파산에서는 파산 여부 심사가 엄격하다. 채무자 입장만 고려하기에는 채권자의 불이익이 너무 크기 때문이다. 아무리 채무자회생법이 채무자 친화적인 법률이라 할지라도 최소한의 균형을 잃어서는 안 되는 이유이기도 하다. 채무자들에게는 실질적인 재기를 위한 신용교육도 필수다. 파산면책이 채무자들에게 부정적 의미의 재테크가 되어서는 안 되기 때문이다. 한편으로 재파산 신청비율이 늘어나는 걸 보면 보다 적극적인 입법과 실효성 있는 정책의 필요성을 절감한다.

　파산선고를 할 때 가장 중요한 것은 신청인의 입장을 헤아리면서도 심사와 판단의 객관성을 유지하는 것이다. 채무자 쪽으로 지나치게 감정이입이 되다 보면 채권자의 불이익에 눈을 감게 되는 불합리가 발생할 수도 있다.

　"업무를 처리하면서 힘든 점은 밤늦게까지 사무실에서 검토하다 마무리하지 못한 사건이 눈에 밟힐 때죠. 집으로 일을 가져오면 안 되는데 말입니다. 잠자리에서조차 파산 신청 인용 여부에 대한 판단이 재현되기도 합니다. 마치 사건감옥에 갇힌 것 같은 일상이 반복되다 보니 가끔 심리적 허기가 찾아와요. 어젯밤의 결론과 오늘 아침의 결론이 달라질 때도 있는데, 그만큼 내면의 갈등과 고민이 치열합니다. 그럼에도 법복이 주는 준

엄한 헌법적 가치와 소명을 감정적으로 소비할 수는 없지 않겠습니까!"

서울회생법원에서는 법원장을 포함한 판사 36명이 일하고 있다. 한 달 평균 25건 정도의 법인회생 사건, 50~60건 정도의 법인파산 사건, 700건 내외의 개인파산 사건을 처리한다.

법원공무원과 관리위원, 파산관재인
그리고 숨은 법원 가족들

회생법원에는 법인회생·파산과 개인파산을 담당하는 파산과와 개인회생을 전담하는 개인회생과가 있다. 각 과에는 재판부 참여관들과 실무관들이 판사들과 회생위원들의 업무를 지원하고 보조한다. 이들은 조서 작성과 각종 송달이나 통지 같은 법률적으로 누락되어서는 안 될 중요한 절차를 담당한다. 거미줄처럼 얽힌 이들의 세심한 역할은 복잡다단한 회생·파산 업무가 원만하게 진행되도록 하는 윤활유 역할을 한다. 쉼 없이 울리는 전화 소리와 업무용 PC에서 수시로 깜박이는 알리미 메신저는 그들의 일과를 말해준다.

관리위원은 전직 기업재무나 금융 전문가들로 법인회생과 파산사건에서 판사들의 심사를 돕고 각 사건의 적격 여부를 판단한다. 파산관재인은 주로 변호사들로 법인파산이나 개인파산 사건에서 파산재단의 관리와 환가, 배당 등의 절차를 담당한다. 그리고 회생법원에는 청사와 법정 보안을 담당하는 보안관리대원들과 깨끗한 환경을 위해 노고를 아끼지 않는 공무직 공무원들도 있다. 이들의 섬세하면서도 숨은 노력은 회생법원과 채무자회생법이 추구하는 이상과 불편한 현실 사이의 격차를 줄여주고 있다. 법원은 서면으로 신청하고 서면으로 응답하는 냉정한 공간이지만, 그 샛길에는 따뜻한 인간의 온정이 흐른다.

문득, 중국의 계몽사상가인 양계초梁啓超의 유명한 문장이 떠오른다.

"국가는 국민에게 이익을 주고 그들을 보호하는 영원한 선이며, 정부는 국가의 도구로서 국가의 가치에 충실한 존재 의의를 갖는다."

2024년, 우리 국가와 정부는 양계초가 말하는 영원한 선과 도구로 존재하고 있을까? 정부의 구성원인 공무원들은 자기 역할에 충실하고 있을까?

법원의 재판과 업무에 대한 여러 시각들

직업적 양심과 상식적 법감정 앞에 선 구성원들

"무슨 기준으로 이따위 재판을 하나요?"

"판사가 누구이기에(어떤 성향을 가졌기에) 이런 결과가 나오나요?"

사회적 관심이 많은 재판이 끝나면 설왕설래만 남는다. 재판 결과가 제대로 나왔는지는 자신들의 이해관계나 사회적 역학관계에 따라 갈린다. 도박판에서 돈을 잃거나 재판에서 패소하고도 기분이 좋은 경우는 없다. 승소한 쪽에서는 좋은 재판이고 훌륭한 판사라고 칭찬 일색이겠지만, 패소한 쪽에서는 나쁜 재판이고 재판부나 판사의 성향이나 편향을 문제 삼으며 비판 일색일 것이다.

재벌기업 관련 재판이나 환경, 건축 등 당사자가 다수 존재하는 재판의 경우에는 승패에 따라 파급효과가 상당할 수밖에 없다. 언론의 호들갑과 전문가라 불리는 이들의 해몽까지 더해지면 그야말로 난장판이 된다.

그 와중에 성격 급한 이들은 "판사 나와!"라고 외치지만 어떤 판사도 나오지 않는다. 나와서도 안 된다. 판사는 오직 판결(문) 혹은 결정(문)으로만 말해야 하기 때문이다. 또 재판 결과에 대해서는 3심 제도라는 법적 절차가 있고, 판사와 당사자가 타협할 여지는 없기 때문이다.

그럼에도 현실 속 당사자들은 재판 결과에 자신만의 해석론을 덧붙인다. 거기에 사족으로 한마디를 더 보탠다. 사법부가 살아 있다거나 혹은 이미 죽었다고. 법원은 이런 부당한 항의에 적절히 대처하는 게 여의치 않다. 몇 차례의 사법파동과 일부 정치적(?) 판결로 인한 사법부의 불편한 역사가 존재해서다.

'재판은 진실과 정의를 탐색하지 않는다'는 진실

고등학교 2학년인 아들이 묻는다. 옆에서 초등학교 6학년인 막내가 귀를 쫑긋하고 있다.

"아빠, 민사재판은 진실을 탐색하고 누구의 주장이 옳은가를 판단하는 건가요?"

"아빠, 형사재판은 나쁜 범죄자를 벌하고 정의를 실현하는 절차예요?"

아빠는 소송과 재판에 대한 이상을 말할 것인지, 아니면 재판의 현실을 말할 것인지를 두고 잠시 고민한다. 그러다 스스로에게 묻는다. '재판은 무엇을 실현하는 절차일까?' 이 질문은 여러모로 곤혹스럽다. 제도가 가져야 할 이상과 구현되는 현실 사이에는 어쩔 수 없는 차이가 있고, 나름의 평가를 가져오기 때문이다(아빠의 마음속에서는 긍정도 부정도 아닌 세모가 그려진다).

한때 《정의란 무엇인가》라는 책이 베스트셀러였다. 하지만 그 책을 끝까지 읽은 사람은 많지 않을 것이다. 사람들 대부분은 감동이나 재미가 가미되지 않은 이른바 '벽돌 책'을 호기심에 구입해 몇 페이지 뒤적거리다가 책꽂이에 전시하거나 라면 받침대로 사용하는 경우가 다반사다. 몇 페이지로 요약한 자기계발서 형식이었다면 아마도 더 많은 사람이 마이클 샌델의 이야기를 이해했을지 모르겠다. 어쨌든 책이 베스트셀러가 된 이후 많은 이가 꼭 한마디씩 던진다.

"정작 우리나라에 정의는 존재하는 걸까?"(국어사전에 박제되거나 화석화된 용어일 수도 있겠다는 생각이 든다.)

민사재판은 원고와 피고 사이의 주장과 입증책임에 따라 승패가 결정된다. 곧 민사소송은 당사자의 책임과 의사에 따르는 변론주의와 입증책임에 따라 결론이 달라진다. 제아무리 부정할 수 없는 진실이더라도 이를 주장하지 않거나 입증하지 못하면 재판에서 질 수밖에 없다.

형사재판은 경찰(또는 검사)의 수사와 검사의 공소 제기로 진행된다. 경찰 수사가 미진하거나 검사의 공소 제기가 선별적 또는 차별적이면 그 재판은 이미 기울어진 운동장이다. 그 상황에서 정의를 운운하기란 어불성설일 수밖에 없다. 이때 법원과 판사의 심사 권한은 무용지물이 된다. 물론 제대로 된 공소 제기에도 재판 과정에서의 다양한 변수에 따라 정의롭지 못한 결과가 나오는 경우가 있었다는 것을 부정할 수는 없다.

판사는 헌법과 법률, 직업적 양심과 입증책임에 따라 재판을 진행한다. 물론 이런 형식적 외피 말고도 개인적 세계관이나 가치관에 따라 (약간의 영향을 받아) 심증을 얻고 결정을 내릴 수도 있다. 그럼에도 AI가 대체해야 할 직업 중 검사나 판사가 1순위로 지적되는 이유는 무엇일까? 검사들의 들쭉날쭉 기소와 일부 판결이 국민의 신뢰를 얻지 못하는 것은 개인의 소양과 양심의 문제를 이미 넘어서고 있기 때문이다.

사실 직업적 양심과 소양은 정형적 법률과 업무처리절차 안에 존재한다. 여기서 직업적 양심은 흔히 말하는 고차원적이고 고매한 인격까지 요하지는 않고, 그 직업적 범주에 적합한 정도의 중립적(때로는 가치 판단적) 양심을 말한다. 하지만 우리 대부분은 말도 안 되는 오해나 착각을 범한다. 어려운 시험(각종 국가고시 등)을 통과해 타인의 인생사를 심사하는 자리에 있는 이들이 일반인보다 더 특별한 인격과 양심을 가지고 있을 거라고 말이다. 대입 성적과 대학 명칭이 그 사람의 인격이 되고, 특별한 직업이 그 사람의 양심으로 평가되는 우리 시대의 착각이 우리를 더 큰 불행의 세계로 이끌지도 모른다.

민·형사 재판을 불문하고 그 결과가 대중으로부터 비난을 받는 것은 담당자들의 세계관이나 가치관이 그 안에 개입했기 때문이다. 아전인수 격의 어설픈 비판은 논외로 하더라도 국민의 법감정이나 상식에 맞지 않는 재판 결과는 분명 문제가 있다. 물론 법원 조직의 문제라기보다는 개인이 가져야 할 최소한의 도덕과 양심의 문제라는 얘기다.

업무처리의 기준이자
업무지식의 보고, 법원실무제요

법원에서 재판이나 비송업무를 담당하는 이들은 무엇을 기준으로 업무를 처리할까? 법원에서는 "법원실무제요 ○○, ○○ 실무"라는 이름으로 각 업무 담당자들에게 업무지침서를 제공한다. 민사, 형사, 민사집행, 등기(부동산, 법인), 가족관계등록, 공탁, 행정, 비송 같은 각 분야의 실체법과 절차법을 아우르면서 담당자들이 쉽게 이해하고 적용할 수 있도록 하는 데 목적이 있다.

　법원에서 처리하는 소송과 비송업무는 정형적이지만 복잡하다. 정형적이라는 측면에서 보면 어느 정도 업무지식만 가지고 있으면 누구나 처리할 수 있는 일이지만, 복잡하다는 측면에서 보면 상당한 지식을 습득하고 숙달 과정을 거치지 않으면 쉽게 전문성을 확보하기 어렵다. 더욱이 짧은 실무교육 기간과 2~3년을 기준으로 하는 순환보직 시스템 때문에 실질적인 전문가 양성이 어려운 환경이다. 이는 판사들이나 법원 공무원 모두 마찬가지다.

　대부분의 업무가 심사·결정 단계를 필요로 하기 때문에 정확한 서면 심사와 심증을 얻기 위해서는 반드시 전문성을 갖춰야 한다. 한 업무 단위를 처리하려면 해당 법령 말고도 업무처리지침과 주요 선례까지 알아야 한다. 물론 전산화된 업무처리 시스템과 업무편람이 마련되어 있어 개별 신청에 맞는 약간의 업무지식만 있으면 족할 때가 많지만, 다양한 업무와 연결되는 상황까지 고려해 업무를 처리하려면 알아야 할 지식의 양이 훨씬 방대하다.

　따라서 법원 외부에서 법원 업무를 전문으로 하는 법률 전문가인 변호사나 법무사들도 다양한 분야를 다루기보다 한 분야의 전문가가 되는 길을 택한다. 법원 내외부의 누구나 거미줄처럼 얽힌 업무영역 간의 관계와 개별적 지식을 소화해 신청사건에 적용하는 게 어렵기 때문이다.

생각해보라! 소송과 비송, 집행과 등기, 소송과 등기, 집행과 소송, 소송과 가족관계, 가족관계와 등기…. 그 어느 것 하나 만만치 않은 분야를 서로 연결해 이해한다는 것이 과연 쉬운 일인지를. 각 영역이 연결되어 있다 보니 어느 한 분야를 알더라도 다른 영역을 모르면 막힐 수밖에 없다. 더욱이 법률 실무지식은 논리적 연관성이 약해 휘발성이 높기로 유명하다. 계속 보고 또 보는 수밖에 없다.

통상 처음으로 접하는 업무를 능숙하게 처리하기 위해서는 적어도 6개월 정도가 소요된다. 그나마 업무에 열정을 가진 이들이 그렇고, 소극적인 이들은 일 년이 지나도 민원인의 질문에 정확하게 답변하기 힘들 수도 있다. 서로 관련 있는 업무의 맥락을 파악하려면 더 많은 경험과 학습시간이 필요하다. 법원의 업무 형태가 이렇다 보니 실력 있는 전문가들이 쉽게 눈에 띄지 않는다. 업무의 한계이자 조직의 숙명이다.

이런 까닭에 업무를 처음 시작하는 초심자든 베테랑이든 실무제요나 법령, 예규를 끊임없이 탐색하고 고민하며 일해야 한다. 결국 법원실무제요는 법원 구성원의 업무처리 기준이자 업무지식의 보고寶庫가 될 수밖에 없다.

회생·파산 담당자들은
어떻게 업무를 처리할까?

회생법원은 법원 구성원들이 1순위로 근무를 희망하는 곳이다. 그 이유는 제각기 다르겠지만, 적당한 업무량과 비송사건의 특성, 전문법원이라는 측면에서 특수한 경험과 지식을 얻을수 있고, 일방적인 수혜 업무라서 악성 민원이 적다는 장점이 있어서일 것이다.

그렇다고 회생법원의 업무가 단순하다고 생각해서는 안 된다. 비송 영역이긴 해도 소송과 민사집행, 상법과 각종 등기법에 이르기까지 다양한 지식을 필요로 하다 보니 적응하기가 결코 녹록지 않다. 회생법원 구성원들의 업무를 위한 지식은 일반재판업무보다 훨씬 광범위하다.

회생·파산에 관한 업무를 처리하기 위한 기본 토대는 역시실무제요와 업무처리지침이다. 회생·파산절차를 기술하는 실무서 안에는 법원 안에 존재하는 거의 모든 업무에 관한 지식이혼재해 있다. 여기에 더해 서울회생법원의 경우에는 '실무준칙'이라는 이름으로 업무처리의 통일성과 편의를 위한 별도의 기준을 제공하고 있다.

법령도 사법私法의 일반법인 민법에서부터 민사소송법, 민사집행법, 부동산등기법, 상업등기법과 회생·파산제도의 본법인 채무자회생법에 이르기까지 숙지하고 있어야 한다. 외형적으로는 하나의 절차가 존재하는 것처럼 보이지만, 그 절차 안에는 수많은 내용의 실체적 규정과 절차적 규정이 들어 있는 것이다. 좁은 궤도 위로 열차가 달린다고 해서 그 철로가 기차 여로의 전부가 아닌 것과 같다.

여기에 각종 사회경제적 영역의 하위 개념부터 세무회계 지식까지 더해야 회생·파산 업무의 얼개를 볼 수 있다. 물론 모든 담당자가 동일한 지식의 양과 질을 습득할 수는 없다. 세분화된 업무 속에서 자신이 담당하고 있는 분야의 지식은 반드시 알아야 하고, 그 주변의 업무 지식은 찾아볼 수 있을 정도는 되어야 한다.

회생법원에는 판사와 회생위원 그리고 직원들 외에도 관리위원과 파산관재인 등 업무를 지원하는 전문가들이 존재한다고 앞에서 이야기했다. 이들은 금융권과 기업재무 분야에서 수십여 년 일한 경험을 바탕으로 회생법원의 전문성을 보충해주고, 개별 사건에서 법원을 대신해 파산 신청절차를 진행하기도 한다. 회생법원에서 일하는 누구나 어느 정도 업무에 능숙해지면 이 정도 질문에는 기분 나쁘지 않게 답할 수 있게 된다.

"도대체 어떻게 이런 채무자를 파산시켜주나요?"

"아니, 이런 나쁜 기업을 회생절차를 통해 살려주다니요. 말이 되나요?"

법원의 일 처리가 비난받지 않으려면 부끄러운 흑역사를 만들지 않아야 한다. 그러기 위해서는 무엇보다 직업적 양심과 상식적 법감정의 테두리를 벗어나지 않아야 한다. 그다음은 법원 조직과 개개인이 일부의 비상식적 비난에 휘둘리지 않고 건전한 시스템과 상식의 틀 아래서 성실하게 소명을 다하면 된다. 그것이 전부다.

"선생님께서는 안타깝지만
악성 민원인이십니다."

■ ■ ■

회생법원에서만 볼 수 있는
특별하게 억울한 악성 민원인

"당신들 뭐 하는 사람들이야! 내 세금으로 월급 받는 인간들이 이런 것도 대답 못하고 말이야! 당신들 같은 공무원 때문에 이놈의 나라가 발전이 없어요, 발전이!"

대법원 청사 4층을 쩡쩡 울리는 고성이 들린다. 가지고 온 서류를 냅다 공중에 내던진다. 영화 속 장면처럼 종이가 낱장으로 흩날린다. 누군가에게는 상처가 되는 가시 같은 독설. 후다닥, 직원 한 사람이 청사 보안팀을 호출하는 전화를 건다. 평소에는 고요한 절간 같은 사무실이 호떡집에 불난 듯 부산스럽다. 앞 사무실에서 호기심 많은 누군가가 슬며시 고개를 내민다. 감정노동자의 거친 하루가 시작됨을 알린다. 시간은 아주 느리게 흘러간다.

법원행정처에서 근무할 때 비일비재하게 겪은 에피소드 중 하나다. 토지반환소송과 등기업무 질의를 위해 자주 방문하는 노년의 여성이 있었다. 주로 무거운 백팩이나 캐리어를 끌고 나타났는데, 외모부터 예사롭지 않았다. 그는 일제강점기부터 연결된 조상 땅에 대한 소송과 등기부상 의문점을 해소하고자 찾아왔다. 이 여성이 찾아오면 상담을 전담하는 사무관은 곤혹스러운 하루가 된다. 한번 앉으면 두 시간은 예사였다.

전국의 각급 법원에 부동산 관련 민사소송만 수십여 건을 제기했다는 민원인. 이 여성이 친일파였던 대지주의 후손이라는 그럴듯한 소문도 있었다. 실제로 상담 목적의 구등기부를 살펴보면 개인 명의였다가 국가로 귀속된 토지가 많았다. 여느 법률전문가 못지않게 민사법 관련 전문지식을 많이 알고 있어서 조금이라도 근거가 부족한 얘기는 꺼낼 수조차 없었다. 그렇다고 친일파의 후손이라는 소문을 이유로 정당한 질문과 답변을 거부할 수는 없지 않은가. 세금으로 월급 받는 공무원이 감히.

상담 도중 난동(?)을 부려 여성 보안관리대원을 호출할 때도 여러 번. 자신이 묻고자 하는 주제에 관해 흡족한 답변을 듣지 못하면 버럭 화부터 내는 캐릭터여서 다들 고개를 절레절레 흔들곤 했다. 제아무리 친절한 대국민서비스를 제공하고 싶어도 이렇게 막무가내로 나오는 이들에게 답은 없다. 법원 보안팀은 사법경찰권이 없어서 결국 경찰까지 번번이 불러야 했다. 형법상 공무집행방해죄는 유명무실하게 존재할 뿐 제 역할을 하지 못했다.

법원 재판은 악성 민원인이
발생하기 좋은 토양을 가지고 있다

법원에는 특히 악성 민원인이 많이 존재한다. 일반 행정부처의 대민업무는 일부 인허가 업무 외에는 대국민 수혜적 서비스가 많아 민원이 발생하기 어려운 환경이다. 인허가 업무는 법령이 요구하는 조건을 충족하지 못하면 불허 사유가 되지만, 일부 재량이 허용되는 부분에서 신청인의 불만이 발생할 수 있다. 물론 사회복지 업무에서도 수혜자들이 불편함을 민원으로 표현하긴 한다. 하지만 이를 전형적인 민원제기로 볼 수는 없다.

반면 법원의 재판은 당사자 간의 승패가 분명하고 재판부의 판단이 필요한 다양한 상황이 존재하기에 불만이 생길 수밖에 없다. 재판이 나름 정의를 실현하고 옳고 그름을 판단하는 역할을 하지만, 당장 패소로 인한 불이익은 한쪽 당사자를 곤혹스럽게 만들기 때문이다.

민사소송에서 패소하자 자해하겠다고 난동을 부린 소송 당사자도 있었다. 서울 ○○법원 민사법정에서 패소한 피고 측 당사자가 억울함을 호소하면서 창문으로 뛰어내리려다 작은 창틀에 몸이 끼여 실패한 사건이었다. 그런데 법정은 2층이었다. 어찌 보면 웃픈 현실이다. 패소했다는 이유로 법원에서 나체 시위를 벌인 민원인도 있다.

민사소송은 정의 구현이나 옳고 그름에 대한 판단과는 거리가 멀다. 서로의 이해관계를 놓고 누구의 주장이 더 타당한지 입증해 판사를 설득하면 승소하기 때문이다. 입증책임과 설득은 대부분 원고와 피고 자신과 변호인에게 달려 있다. 여기서 자신의 요구사항이 받아들여지지 않는다고 판사와 법원을 탓하는 것은 재판의 중립성을 훼손하는 것이나 마찬가지다.

어떤 판사는 패소한 당사자가 법원 앞에서 계속 1인 시위를 하고, 재판부와 실명을 거론하며 민원을 제기한 탓에 정신과 상담을 받아야 할 정도로 스트레스에 시달린 적이 있다고 한다. 그는 공황장애 치료약을 복용했는데, 뒷머리에 원형탈모까지 생겼다. 수도권의 ○○법원에서는 패소한 이가 재판부 담당자를 흉기로 위협한 사건도 있었다. 심지어 이상한 혐의로 판사와 참여관을 고소·고발하기도 한다.

비송업무도 악성 민원의
안심 지역은 아니다

쌍방 당사자가 없는 비송업무라 해서 안심할 수는 없다. 신청인이 존재하고 그 신청이 업무 담당자에게 받아들여져야 하기 때문이다. 비송업무 영역은 등기, 가족관계, 공탁, 회생·파산 등이다. 가장 갈등이 없을 것처럼 보이는 등기 업무에서도 민원의 싹이 자란다.

특히 법인등기와 관련해서는 이해당사자들 간의 갈등이 격하게 진행된다. 처음에는 서로 좋은 마음으로 회사를 설립했다가 무슨 연유인지 분열되어 서로 간에 송사로 이어지는 경우다. 주주 간의 분쟁은 주로 임원변경등기나 신주발행등기 신청을 통해 첨예화된다.

양측이 주주총회나 이사회를 통해 선임된 이사나 대표이사 변경등기를 번갈아 하다 보면 법인등기부가 매일 바뀌기도 한다. 오늘은 갑이 대표이사지만 내일은 갑이 해임되고 을이 대표이사가 되는 식이다. 양측은 등기과(소)를 찾아 서로 자기 측의 정당성을 주장하면서 다른 쪽의 등기가 받아들여지면 등기관을 고소하겠다는 협박도 서슴지 않는다. 여러모로 불편한 상황이 전개된다.

서울중앙법원 등기국에 근무할 때는 법인 관련 분쟁사건에서 조폭으로 보이는 일당이 출현한 적도 있다. 다행히 그때는 만만치 않은 공무원들의 거친 저항(?)으로 크게 문제가 되지는 않았지만, 등기조사과 내에서는 매일 한두 번의 고성이 오가곤 했다. 법원의 평범한 사무실에서도 자본주의적 욕망은 끊임없이 충돌하고 갈등을 일으킨다.

부동산등기의 경우 토지를 둘러싼 분쟁이 점입가경의 경지에 이르는 경우가 많다. 등기부에 가등기와 가처분등기가 주렁주렁 매달린 사례가 그렇다. 소유권을 이전해주기로 계약을 해놓은 뒤 다양한 상황이 발생해서인데, 이런 사건 당사자들은 법원과 변호사들, 법무사들의 단골이 될 가능성이 농후하다.

예를 들어, 갑자기 부동산 가격이 폭등하거나 반대로 폭락하는 경우 당사자들은 이해관계에 따라 계산기를 두드린다. 통상 계약을 하고 마지막에 잔금을 치를 때까지 상당한 기간이 소요되는데, 이를 예상해서 해두는 것이 가등기다. 곧 가등기는 가등기권리자에게 유용한 수단이 된다. 가등기 이후에 현 소유자가 처분행위를 했을 때도 그 법률행위를 부정할 수 있는 강력한 효력을 지녔기 때문이다. 등기부상 가등기 이후 본등기 사이에 이뤄진 등기는 법률상 효력이 없어 대부분 말소당한다.

계약의 유·무효가 문제가 되는 소를 제기하거나 등기부상 권리를 부정하는 소가 제기된 경우에는 가처분등기가 이뤄진 사안이 많다. 가처분등기 또한 가등기 못지않게 상대방의 권리처분을 제약하는 강력한 법적 효력을 가진 탓에 그 뒤에 이어지는 등기기록이 말소당하는 수모를 당한다. 문제는 법률적 쟁점과 관계없이 인간의 욕망이라는 전차는 비이성적 궤도를 따르기 마련이어서 늘 비상식적 분쟁의 소지를 남긴다는 것이다.

당사자 간 합의나 법률 분쟁으로 해결할 사안에서 업무 담당자를 걸고넘어지는 경우가 다반사다. 본인이 원하는 신청을 받아주지 않으면 각종 고소·고발로 협박한다. 공무원의 과실 책임을 묻겠다는 거친 언사를 들으면 누구나 현타가 온다. 이런 사례에 잘못 엮이면 철밥통이 아니라 더한 밥그릇이라도 내팽개치고 싶다는 생각이 든다.

회생법원에서만 볼 수 있는
특별히 억울한 특이 민원인들

창밖으로 늦가을을 재촉하는 비가 내리던 스산했던 어느 날, 회생법원 2층 파산과. 조용했던 사무실에 어느 여성 실무관의 비명이 울러 퍼졌다.

"아악!"(비명과 함께 느닷없이 의자 엎어지는 소리가 들렸다.)

"아니, 선생님. 이게 무슨 경우에요? 말씀도 안 하시고."(직원들이 모여드는 웅성거리는 소리)

깜짝 놀란 연유를 들어보니 민원인이 소리도, 기척도 없이 실무관 뒤에서 가만히 지켜보고 있었기 때문이라고 한다. 얼마나 놀랐겠는가! 최근 뉴스에서 공무원에게 폭력을 휘두른 기사를 접한 터라 비명이 절로 나왔을 것이다. 이 민원인의 정체는 법인파산 사건의 채권자였다. 그것도 꽤 오래된 법인파산 사건의 채권자. 아마도 해소하기 어려운 분노가 오랫동안 쌓여 있었던 것이리라.

회생법원의 업무는 기본적으로 악성 민원인이 발생하기 어려운 분야다. 채무자회생법을 전제로 국가가 채무자에게 일방적으로 제도적 수혜를 주기 때문이다. 비송업무의 특성상 불만이 크게 없는 게 일반적이지만 늘 예외는 존재하기 마련. 뒤통수를 맞은 채권자나 억울한(?) 채무자들이 종종 등장한다. 때로는 이들 역시 담당 재판부의 판사나 회생위원과 직원을 지속적으로 괴롭히는 악역을 담당한다.

회생법원 파산과에서는 법인회생·파산 사건과 개인파산 및 일반회생 사건을 담당한다. 그러다 보니 분노한 채권자들의 원성을 많이 듣는다. 채권자집회에 참석한 채권자들의 거친 항의도 감내해야 하는 직원들은 샌드백 같은 신세로 전락한다. 채무자도 아닌 법원 담당자들에게 화풀이하는 것은 분명 부당하고 불편하다. 법원 담당자들이 억울한 이들의 가슴을 다독거리고 화를 가라앉히는 것도 한계가 있다.

대등한 당사자 구조를 전제로 한 재판에서는 승패가 갈리더라도 서로 싸울 수 있는 무기대등의 원칙상 크게 억울하지 않을 수도 있다. 하지만 회생·파산절차는 소송이 아닌 비송 영역이다. 우호적인 법률을 기반으로 국가가 채무자에게 직권으로 절차를 진행하다 보니 채권자나 이해관계인의 억울함은 클 것이다.

법인회생이나 파산 사건에서는 채권자가 책 한 권에 이를 정도로 많은 경우도 있다. 수많은 회생·파산 사건 중에는 채무자인 신청인보다 더 상황이 좋지 않은 채권자도 분명 존재한다. 그렇다고 판사나 직원이 억울한 채권자의 하소연을 마냥 들어줄 수도 없다. 업무처리의 객관성과 중립성, 사건처리의 시간적 제약, 채권자들 간의 형평성, 과잉 연민의 경계 등 담당자들이 따져야 할 것들이 줄줄이 있기 때문이다.

그럼에도 재판업무든 비송업무든 사건 결과로 누군가의 유불리가 가려질 때는 늘 조심하고 주의해야 할 필요가 있다. 공적 영역의 업무 담당자에게는 일상인 사건 하나가 누군가에게는 인생을 건 중차대한 문제가 될 수 있기 때문이다.

어느 누구도 아무런 이유 없이 공공기관에서 소리치거나 난동을 부리지 않을 것이다. 자기 신청이 받아들여지지 않거나 만족할 만한 서비스를 받지 못했을 때 그 불편함을 담당자에게 표현하는 것이다. 공무원의 업무처리가 위법하거나 부당했을 때 항의하거나 분노하는 것은 당연하겠지만, 정당한 결과를 놓고 감정을 표출하는 것은 성숙한 행동이 아닐 것이다.

누군가의 삶이 괜찮은지 판단하려면 자신과 가족, 사회공동체의 관심사와 문제를 해결하기 위해 자기 시간을 얼마나 투자하는지 살피면 된다. 무엇보다 먼저 '지금 내 직분에 맞는 생

각과 행동을 하고 있는지' 스스로 살펴볼 일이다. 이는 공무원
도, 민원인도 마찬가지일 것이다.

회생·파산 신청서에서
보이는 것들
■ ■ ■

종이 한 장에 요약되는 인생 기록

40대가 넘으면 자기 얼굴에 책임을 져야 한다는 말이 있다. 지금 내 얼굴은 어떤 모습으로 타인에게 비칠까? 어느 한 시점의 얼굴처럼 종이 한 장에 누군가의 인생이 기록되기도 한다. 법원에서 만들어지는 각종 문서(공적 장부)를 보면 곧 그 사람의 삶과 사회경제적 얼굴이 어느 정도 그려진다. 조금 과장해서 표현하면 그 문서들은 한 사람의 인생 경로와 재산에 관한 욕망의 기록이다.

법원에서 등기관 업무를 하다 보면 수많은 등기사항증명서(흔히 '등기부'라 불린다)와 그 안에 기록된 여러 삶의 기록을 접한다. 법인등기부에서는 그 회사의 자산 현황과 운영 결과에 해당하는 자산증식 그리고 분쟁의 소지까지 읽을 수 있고, 부동산

등기부에서는 그 소유자의 재산 현황과 재산관리 상황, 부동산에 관련된 분쟁과 갈등 여부를 알 수 있다. 등기부는 갑구와 을구로 구성된다. 갑구에는 소유권과 이에 대한 제한 사항이 기록되고, 을구에는 제한물권과 임차권 그리고 그에 관한 제한 사항이 기록된다.

부동산등기부에 펼쳐진 삶의 기록,
당신은 어떤 삶을 살았는가?

여기 부동산을 소유한 A와 B의 등기부가 있다. A의 등기부 갑구에는 소유권 보존등기와 한두 번의 소유권 이전등기 기록만 있고, 을구에는 저당권설정이나 기타 담보등기 기록은 없다. B의 등기부는 갑구에 소유권 보존등기, 이전등기, 가등기, 가압류와 압류, 가처분등기 등 예상 가능한 등기 유형이 화려하게 기재되어 있다. 을구에는 근저당권설정등기부터 질권과 임차권, 지상권과 전세권등기까지 백화점식 기록이 나와 있다. 누구의 등기부가 더 바람직하고 누구의 인생 여정이 더 담백할까?

정답은 두말할 것 없이 갑구만 존재하는 A의 등기기록일 것이다. 흔히 말하는 대출도 없고 자기 부동산만 가진 경우다. 이런 등기사항증명서 소유자들은 은행 잔고나 다른 자산까지 든든할 때가 많다. 반면 갑구와 을구가 복잡한 B의 등기에서는 경제적 욕망의 흔적을 읽을 수 있다. 곧 각종 민·형사 소송으로 이어지거나 말소등기, 변경(경정)등기 같은 인간관계에 파탄을 불러올 만한 흔적들이다.

등기부 기재사항이 드라마틱하게 바뀌는 경우는 크게 두 가지다. 첫째는 경매라는 집행 과정과 민사 본안소송을 거치면서 발생한다. 간단한 예로 은행으로부터 대출을 받으면서 설정한 근저당권설정등기에 따라 은행이 임의경매를 신청하면서부터 드라마는 시작된다. 은행이 신청한 경매 과정은 법원 주도로 부동산을 타인에게 팔아치우는 환가절차를 거친다. 이때 경매가 완결되면 갑구의 소유권자가 변경됨은 물론 을구에 있는 각종 담보권 등 제한물권에 관한 기록이 말소 또는 변경되면서 치정에 얽힌 영화처럼 지저분해진다.

둘째는 전후 소유권자들끼리 소유권에 관한 모종의 분쟁이 있을 때 한 쪽이 다른 한 쪽을 상대로 소유권이전등기 말소 또는 이전등기를 행하라는 소송을 진행하면서 발생한다. 이때는 보전처분으로 가처분을 신청하는 경우가 많아 본안소송은 완행열차처럼 지지부진한 행로로 진행된다. 가처분등기 이후에도 얼마든지 다른 등기 신청이 가능하므로 등기마다 다양한 색상으로 소유권과 기타 물권에 관한 기록이 이뤄진 경우다. 이때도 본안소송 승패에 따라 원고가 승소했을 때는 등기기록에 피바람이 분다. 가처분등기 이후 이뤄진 거의 모든 등기는 말소될

운명에 처하고 권리라는 중력의 보호를 받지 못하는 것이다.

구입하려는 주택의 등기부를 살펴봤을 때 어떤 집의 등기에 더 끌리겠는가? 물론 취향에 따라 스릴을 즐기는 경우 복잡다단한 등기부도 쓸모 있을 수는 있겠다. 어쨌든 그런 기록을 만들어내려면 당사자는 원고나 피고로서 법원의 단골손님이 되어야 하며, 변호사업계와 법무사업계를 먹여 살릴 각오를 해야 한다.

회생·파산 신청서가 보여주는
경제적 삶의 성적표

회생법원에서 각종 회생·파산 신청 기록을 따라가다 보면 신청인의 경제적 삶과 복잡다단한 여정이 보인다. 어떤 직업을 갖고 어떻게 사회생활을 해왔는지, 지금 경제 상황이 어떤지 적나라하게 알 수 있다. 신청서에 첨부해야 할 서면에 가족관계나 개인 신분증명, 직업에 관한 사항, 채무 등의 부채증명, 직업과 수입 등 모든 상황을 드러내야 하기 때문이다.

첫째는 나는 누구이며 어떤 직업을 갖고 어떻게 경제활동을 영위했는지 말해야 한다. 개인회생이나 파산 신청서에는 자신의 채무 초과 사실과 직업에 관한 사항을 기재한다. 직업에는 우리 사회에 존재하는 거의 모든 직업이 망라된다. 그만큼 다양한 직업을 가진 사람이 어떤 이유로든 경제적 파탄을 겪고 있는 것이다. 전문직이나 연예인이라 해서 예외는 없다. 오히려 잘나가는 직업군의 파탄은 그 규모가 예사롭지 않다. 직업은 현재형과 과거형 시제가 공존한다. 또 신청서에는 신청인의 개인정보부터 혼인 여부나 가족관계가 첨부된다. 가족 구성원의 수는 특히 회생 신청에서 의미가 있다. 최저생계비를 산정하는 데 중요한 기준이 되기 때문이다. 파산에서는 경제적 회생불능에 이르게 된 주요 경력을 빠짐없이 기록해야 하고, 지급불능의 시기와 사유를 진술해야 한다.

둘째는 누구에게 빚을 졌고 현재 어느 정도 채무를 초과했는지 설명하고 증명해야 한다. 채무자인 신청인의 수입과 지출에 관한 현황과 현재의 생활 상황을 적어야 한다. 재산목록을 상세히 보여줘야 하며 자가 소유인지 임차인지 거주 상황에 대한 정보도 기재해야 한다. 각종 세금 정보와 근로소득에 관한 사실도 드러내야 한다.

채권자목록을 통해 자신이 누구에게 돈을 빌렸고 변제 금액이 얼마나 남아 있는지도 나타내야 하며, 이에 관한 부채증명서도 첨부해야 한다. 채권자는 신청 시점을 기준으로 빠뜨리지 않고 기재해야 한다. 만약 고의로 채권자를 누락하는 경우 법이 정하는 면책 효력을 받지 못할 수 있기 때문이다.

셋째는 어떤 사정으로 경제적 어려움이 파탄으로 이어졌고 결국 회생·파산제도의 도움을 받아야 하는지를 설득력 있게 기록해야 한다. 그 사정에는 실직이나 영업 파탄에 이른 과정, 생계비용과 사업비용에 대한 설명을 적실하게 드러내야 한다. 이런저런 사정으로 채무 초과 상황에 이르렀지만, 현재 경제활동이 가능하기 때문에 회생 신청을 통해 일정액을 변제하고 자기 삶을 이어가는 게 바람직하다는 점도 말해야 한다. 직업 활동이나 미래소득을 보장할 수 없는 이들은 파산 신청을 통해 채무를 탕감받는 게 타당하다는 증명을 해야 한다.

신청인이 제출한 서면은 평면적이고 객관적이지만, 개인의 고통은 입체적이며 주관적이다. 메말라 보이는 여러 서면(최근에는 재판사무 시스템 화면)에는 채무자의 인생 궤적과 고통의 뿌리가 담겨 있다. 물론 채권자들의 억울함과 쓰라림도 읽지 않을 수 없다. 이는 타인의 경제적 실패를 검증하고 새출발을 가능케 하는 심사자들이 져야 하는 운명이자 멍에다.

넷째는 사건을 처리하는 담당자들의 고뇌를 엿볼 수 있다. 회생·파산 신청은 법으로 각하 사유와 기각 사유를 정하고 있어 중간에 사건이 중단되기도 한다. 따라서 어떤 사건이 왜 중간에 중단되었는지, 진행이 지지부진하고 판단 과정이 어려울 수밖에 없었는지 살필 수 있다. 사건이 복잡하거나, 규모가 크거나, 채권자 수가 많을수록 담당자들의 부담과 결정의 어려움은 커진다.

'보통의 우리'가
기억해야 할 삶의 기록은?

순간을 기억하기 위해 우리는 사진을 찍는다. 사진은 수십 년 전의 나와 가족의 모습을 보여준다. 그 속에는 풀어낼 이야기와 잊히지 않는 시간이 담겨 있다. 우리 삶은 소중하고 의미 있는 것들을 지켜내기 위한 애잔한 투쟁이다. 한 개인의 삶은 공적인 영역과 사적인 영역에서 동시에 기록될 것이다. 양자는 서로 교차하며 명암을 주고받는다. 개인의 삶에서 이 두 영역의 형식과 실질을 구분하기란 쉽지 않다. 공사 양면으로 나아가는 삶은 다양한 공적·사적 서면에 성취와 좌절의 기록을 남길 것이다. 공사다망公私多忙이라는 표현도 여기에서 비롯한다.

누군가가 태어나면 가족관계등록부에 출생자로 기록되고, 학생이 되면 학생생활기록부에 흔적이 남으며, 경제활동을 시작하면 은행 계좌와 직업 이력이 만들어진다. 부동산을 구입하면 부동산등기부와 대장에 권리자로 기재되고, 분쟁과 갈등이 재판으로까지 이어지면 소송 기록과 다른 공적 장부에 흔적이 남는다. 경제적 어려움에 처하면 개인회생 신청이나 파산면책 사건 당사자로서 여러 기록을 갖게 된다.

우리는 타인의 삶이 성공적인지 아닌지 구분할 수 있을까? 자기만족이나 사회적 평가가 종합적으로 고려되어야 하겠지만,

분명한 것은 '자기만의 삶을 영위했는가?'가 가장 중요한 기준이 될 것이다.

누구나 소년등과少年登科(어린 나이에 과거에 급제하는 것)나 유방백세流芳百世(명성이 오랜 세월 전해져 내려간다는 뜻)를 꿈꾸지만, 현실은 지긋지긋한 삶이 전부일 수 있다. 하지만 우리는 소년등과한 이들의 오만과 독선을 목도했고, 유방백세가 아닌 유취만년乳臭萬年(더러운 이름을 만대에까지 남긴다는 뜻)의 주인공이 되었던 이들을 경험했다. 지금도 그렇지 않은가?

평범한 삶은 채근담의 문장처럼 "낮은 곳에 거처한 뒤에야 높은 곳의 위태로움을 알고, 어두운 곳에 있은 뒤에야 밝은 곳을 향함이 지나치게 드러남을 알게" 된다. 수많은 삶의 굴곡에도 자신만의 멘탈과 리듬으로 극복하고 나아갈 때 오롯이 나라는 존재가 기록으로 남을 것이다. 공적·사적 문서가 무언가로 빼곡했을 때가 아니라 동양화처럼 여백을 가졌을 때 우리 삶이 여유로워지지 않을까.

수많은 이들의 삶의 기록을 살피며 스스로에게 묻는다.

"나는 나답게 살았는가, 살고 있는가?"

'신용불량' 40대 부부에게
건넨 조언

■ ■ ■

봄날의 벚꽃엔딩과 같은
빚잔치는 없다

장면 1

1980년대 말 어느 부부의 대화. 이들은 지방에서 아이 셋을 키우며 조그만 소매점을 운영하고 있다.

"당신, 도대체 어떻게 하려고 그래요? 여기저기 갚아야 할 돈이 500만 원인데 농협에서는 더이상 빌릴 수도 없고…. 장사도 안 되는데 보증 선 사람들한테는 어떡한대요?"

"어디 돈 빌릴 곳도 없잖아. 더이상 친지들한테 피해 주기도 그렇네. ○○ 엄마, 우리 그냥 서울로 가버릴까?"

"아니, 애들은요? 부모님하고 형제들은? 서울 가서 어떻게 먹고살려고요."

"일단 우리가 눈에 안 보이면 당장 그분들이 피해 입을 일은 많지 않을 것 같아. 돈은 벌어서 갚자고."

이들 부부는 결국 삶의 터전을 버리고 야반도주를 택했다. 가벼운 옷가지와 아이들 손만 부여잡은 채(이렇게 떠나온 이들 중 대부분은 결국 고향으로 돌아가지 못한 채 살아가고 있다).

장면 2

2023년 어느 봄날 부부의 대화. 아이 둘을 키우는 부부는 합계 소득이 월 450만 원인 자영업자다. 현재 자산 상황은 채무초과 상태다.

"큰일이네. 갈수록 장사가 안 돼. 요새 손님이 너무 없어. 경기가 워낙 안 좋아서 누구를 탓할 수도 없고."

"은행 대출 한도가 다 되어서 돈을 더 빌릴 데도 없잖아요. 그렇다고 전세금이나 집을 담보로 대부업체에 손을 내밀 수도 없고. 참!"

"며칠 전 상가 보증금 올려달라고 건물주에게 재촉 전화도 왔는데…."

"성실하게 살아도 세상살이가 팍팍하네요. 우리가 빚을 정리하고 새출발할 수 있을까요?"

"저번에 보니까 여러 기관에서 우리 같은 사람들 상담도 해주고 빚도 탕감해주던데, 법원에 한번 가볼까?"

자영업자들에게 더 가혹한
경제 상황이 계속되고 있다

회생법원 상담센터에 찾아온 40대 자영업자 부부. 이들은 작은 카페를 운영 중인데 채무가 많아 신용불량자가 되면서 생활이 어려워졌다. 상투 잡고 끌어모아 산 아파트 담보대출 상환과 매달 적자에 가까운 매출, 생활비와 교육비 때문에 파산 직전에 놓였다. 형편이 어찌 되었든 계속 영업을 할 생각으로 시간이 걸리더라도 본인들 빚을 어느 정도 변제할 계획이다. 신용회복위원회나 서울시를 찾아갔지만 뾰족한 수는 없었다. 채권자들 동의를 얻는 채무조정이 쉽지 않아서다. 이들의 상담 내용을 정리하면 다음과 같다.

"두 분은 무슨 고민으로 오셨나요?"

"작은 카페를 운영하는 자영업자인데요. 저희가 빚이 많아서요. 장사는 계속 하고 싶은데, 빚을 어떻게 갚아나가야 할지 힘들어서 찾아왔습니다."

"현재 자산과 부채 상황은 어떻게 되시나요?"

"(중략)"

"선택지는 두 가지가 있습니다. 첫째는 빚을 완전히 탕감받는 것이고, 둘째는 일정 기간 동안 일부를 갚는 것입니다. 물론 두 절차 모두 일정 조건을 갖춰야 하고요."

한국은행에 따르면, 2022년 4분기 말 자영업자의 총 대출 규모는 1019조 8000억 원으로 추산된다. 대출은 사업자대출과 가계대출을 합한 것이다. 자영업자 10명 중 6명 정도는 여러 금융기관에서 돈을 빌린 다중채무자다. 따라서 영업 부진에 따른 대출상환 불능 혹은 지연이 사회적 문제가 되고 있는 상황이다. 금리 변동과 부동산 경기 상황에 따라 복합적으로 장기 경제불황의 뇌관이 될 가능성이 있다(국제 환율 문제와 쌍둥이 적자의 우려가 나날이 커지고 있다).

개인이든 기업이든 빚이 많아져 변제가 어려울 경우 채무조정을 선택할 수밖에 없다. 채무조정은 크게 보면 사적정리절차와 법적정리절차 두 가지가 있다. 사적정리절차는 개인 간의 합의를 바탕으로 한 자율협약(계약)에 따른 조정절차다. 다만, 이 절차는 쌍방에게 법적 구속력이 없어 합의에 이르기가 쉽지 않다. 법적정리절차는 주로 회생법원에서 진행하는 채무자회생법에 따른 채무조정절차다. 이 중간에 있는 절차로 기업구조조정촉진법에 따른 채무조정절차(공동관리절차)가 있다. 채무자회생법에 따른 채무조정은 모든 채무가 조정 대상이지만, 기업구조조정촉진법은 금융채무만 대상이 된다는 한계가 있다. 따라서 개인이나 기업은 채무액이나 채권자 수, 채무의 종류에 따라 절차를 선택해야 한다.

대박 인생보다는
일상 회복이 먼저!

법원을 찾은 40대 부부는 이제 대박 인생은 꿈꾸지 않을 것이다. 그보다는 소소한 하루를 살아갈 수 있는 일상의 회복을 바랄 것이다. 자신들의 경제활동을 위해 기꺼이 돈을 빌려준 금융기관이나 개인에 대한 미안함도 적지 않을 것이다. 그럼에도 절박한 상황을 극복하기 위해 제도적 도움에 의존해야 하는 모순적 상황을 마주해야 한다.

"아! 그러면 저희가 할 수 있는 방법이 있나요?"

"두 분의 재정 상황은 여러 자료를 검토해 자세히 살펴봐야 알겠지만, 우선 자영업자로서 정기적이고 확실한 수입이 있을 가능성이 있고, 그중에서 가정의 최저생계비를 제외하고도 변제재원으로 사용할 가용소득이 있다고 말씀하시기 때문에 개인회생을 신청할 수 있습니다. 이 조건이 충족되지 못하면 개인회생은 어렵습니다. 제가 말씀드리는 안내와 회생법원 홈페이지에 나와 있는 절차를 참고하셔서 개인회생 신청을 하시면 됩니다. 신청서나 필요한 첨부서면에 대해서는 자세한 설명이 나와 있으니 몇 번 읽어보시면 어렵지 않게 작성할 수 있을 겁니다. 그런데 변제계획안은 작성이 어려워서 법률전문가의 도움이 필요할 수도 있습니다. 또 신청 검토단계에서 추가로 내야 할 서면이 있다면 회생위원이 보정명령을 내릴 수도 있고요."

"감사합니다. 둘이서 걱정만 하다가 막상 이렇게 찾아와 말씀을 듣고 보니 잘 왔다는 생각이 듭니다."

"혹시 신청서 작성이 어려우면 법률구조공단이나 신용회복위원회에서 무료로 작성하거나 신청 대행까지 해주니 이용하시면 됩니다. 앞으로 카페 잘 운영하셔서 신용도 회복하시고 잘사시기 바랍니다."

봄날의 벚꽃엔딩 같은
빚잔치는 없다!

마음의 빚은 따뜻한 말 한마디와 봄바람에도 날아갈 수 있지만, 경제적인 빚은 한 사람의 인생을 일상 밖으로 밀어낼 수 있다. 잘 살아가기 위한 자본주의적 삶은 밥벌이라는 도구적 활동에 의존할 수밖에 없다. 선택과 고민이 필요한 수많은 상황에서 "뭣이 중한디?"라고 태연자약하게 말하지만, 결국 많은 사람은 자신에게 가장 중요한 것은 "돈"이라고 이야기한다. 이는 삶과 돈의 관계에 관한 '호모이코노미쿠스'의 어쩔 수 없는 단면이다.

채무자와 채무는 자본주의적 삶에서 가장 안타까운 단어 중 하나다. 경제활동이나 생계를 위해 누군가로부터 돈을 빌리면 채무자가 된다. 신용관계를 둘러싼 거래지만 변제 기한이 지나거나 변제가 불가능해지면 난감한 상황을 맞닥뜨릴 수밖에 없다. 이때 상황을 회피하거나 절망하기보다 냉정해질 필요가 있다. 새출발의 의지가 희망을 엿볼 수 있는 동기를 제공할 것이다. 또 그 희망을 방치하지 않는 국가적 책무가 존재한다.

누구나 자신의 삶과 일상이 봄날의 벚꽃처럼 활짝 피기를 바란다. 밥벌이라는 숙명에서 계속 승자가 되기를 희망한다. 또 누구나 자신의 봄이 아름다운 벚꽃엔딩이 되기를 바라지만, 우리 삶은 한치 앞도 예측할 수 없는 법. 꽃샘추위나 하룻밤 소낙비에 허무하게 떨어지는 꽃잎처럼 쓰라린 순간을 마주할 수도 있다.

위대한 삶을 살다간 이들도 일상에서 벗어날 수는 없었다. 수많은 철학자와 명상가가 인생론을 설파했지만, 대부분은 삶과 일상과 의지를 말했다. 우리에게는 일상에 관한 대단한 철학이 필요한 게 아니다. 다가올 봄날을 마주할 용기와 다시 새롭게 시작할 수 있는 생의 의지 그리고 피고 지는 꽃을 즐길 수 있는 여유면 족하다. 국가와 정부, 법과 제도는 시민의 그 하루를 위해 존재한다.

제로섬 게임 앞에 선
최저생계비

■ ■ ■

밥벌이의 경계선에 선 사람들의
가난 리포트

대학을 휴학 중인 둘째 딸과의 대화다. 딸은 컴퓨터 프로그램 프로젝트를 하면서 틈틈이 아르바이트를 하고 있다.

"굳이 알바를 할 필요가 있을까? 그 시간에 자격증이나 학과 공부를 하면 더 좋을 것 같은데?"

"용돈 받는 것도 한계가 있고, 엄마 아빠 모르게 사고 싶은 게 있어서 한두 달씩은 할 필요가 있어."

"지금 알바 시급은 제대로 챙겨주지도 않을 것 같은데? 최저임금 떠올려 봐. 괜히 고생만 하는 거 아냐?"

"아니야. 지금 일하는 가게는 사장님이 시급을 1만 1000원으로 주고 있어서 괜찮은 것 같아."

딸과 대화하는 아빠는 학과 공부와 취업과의 상관성, 최저임금과 알바 시급과의 관련성을 복합적으로 고민하다 보니 잔소리가 늘어날 수밖에 없었다. 딸에게 밥벌이의 고단함과 숭고함을 말하려다 딸의 등이 먼저 보였다. '그러니까 취업은 언제, 어떻게…'라는 말은 오늘도 꺼내지 못했다.

자본주의적 삶과
제로섬 게임의 함수관계

자본주의적 삶은 돈과의 전쟁이다. 개인의 행동은 돈을 위한 투쟁이며 돈을 위한 꿈 꾸기다. 모든 경쟁은 돈을 위한 것이고, 그 경쟁을 위한 수단과 도구에 돈을 쏟아붓는다. 초중고 학생들은 대학 진학이라는 목표에, 대학생들은 좋은 직장이라는 타이틀에, 직장인들은 좀더 높은 연봉에 목을 맨다. 무엇을 위해 공부하는가에 관한 모든 논쟁은 허무해진다. 적어도 돈 앞에서는. 그래서 박노해 시인은 노래하지 않았던가! "돈은 두 얼굴/한쪽 면은 자유/한쪽 면은 노예"라고.

돈의 물성物性은 모든 사람에게 평등하게 분배되지 않는다는 데 있다. 성적과 능력과 경쟁의 이름으로 포장되어 각기 다르게 배분된다. 승패와 성패가 결정되면 경제적 대가와 은행 잔고로 서로의 경제적 신분이 나뉜다. 그렇다고 무작정 돈을 찍어낼 수도 없다. 돈의 가치하락으로 인한 인플레이션은 어떤 결핍보다 더 무서운 결과를 가져오기 때문이다. 결국 어떤 사회든 돈은 한정되어 있고, 공정한 나눔은 이상향 속에서만 존재한다. 한정된 재화는 필연적으로 제로섬 게임을 부른다.

제로섬과 논제로섬 게임은 확정된 진실이 아닌 특정 조건이 전제된 상황이다. 제로섬은 한 쪽의 이득과 다른 쪽의 손실을 더하면 제로가 되는 상황을 말한다. 제로섬 아래에서는 승자와 패자가 분명하게 그리고 운명적으로 갈린다. 논제로섬은 한 쪽의 이익과 다른 쪽의 손실을 합쳤을 때 제로가 되지 않는 상황을 말한다.

제로섬과 논제로섬은 경제학이나 게임이론에서는 규범적 역할을 하겠지만, 정치적 도구로 사용될 때는 그 결과가 무척 달라진다. 어떤 상황을 제로섬이라 전제하거나 의도하면 여기에는 승자 혹은 이익을 보는 자와 패자 또는 손실을 보는 자만 존재한다. 이런 상황에서는 상호 협조와 양보보다는 갈등과 대립이 존재할 가능성이 커진다.

특히 자본주의 체제에서는 제로섬의 본질을 가진 상황이 많이 나타난다. 환경 문제, 노사 문제, 빈부격차 문제, 최저임금 문제, 외교 문제, 경쟁 문제에서 특히 그렇다. 역시 모든 문제에는 돈(자본)이 숨어 있다. 이론적으로는 양보와 배려, 타협과 상생이 가능한 분야인데도 강자들의 냉정함이 상황을 지배한다.

우리 사회 최저임금제의
복잡한 민낯

최저임금과 노동시간을 둘러싼 논쟁은 여전히 뜨거운 감자다. 정치적 좌표나 경제적 상황에 따른 이해관계가 달라 대립이 첨예하다. 불행하고 불편한 논쟁이 반복된다. 특히 소규모 자영업자인 사용자와 비정규직 노동자의 대결장이 되어버린 것은 심히 안타까운 상황이다. 비정규직의 애환과 최저임금을 둘러싼 공방 속에서 승자는 없다. 논쟁을 지켜보는 이들도 자신과 직접 관련이 없으면 그저 강 건너 불구경이다.

한국에서 '최저임금제'는 1988년부터 시행되었다. 헌법 제32조 제1항은 "모든 국민은 근로의 권리를 가진다. 국가는 사회적·경제적 방법으로 근로자 고용의 증진과 적정임금의 보장에 노력해야 하며, 법률이 정하는 바에 의해 최저임금제를 시행해야 한다"라고 규정하고 있다. 이에 따라 고용노동부 장관은 최저임금위원회 심의를 거쳐 매년 8월 5일까지 다음 연도 최저임금을 결정해 지체 없이 고시해야 한다.

적절한 최저임금을 정하는 일은 결코 쉽지 않다. 인상 반대론자들이 말하는 최저임금 상승과 노동시장의 고용 감소가 반드시 비례관계는 아니다. 하지만 최저임금 인상에 따른 부담은 경제적 약자일 수 있는 영세 중소기업, 자영업자에게 집중된다.

최저임금 적용을 받는 근로자의 95%를 이들이 고용하고 있기 때문이다.

원칙적으로 임금 상승은 노동생산성 향상(증가율)에 맞춰져 있다. 따라서 생산성 증가보다 임금 상승율이 높으면 노동구조의 개혁을 촉진하게 된다. 노동구조의 변동은 소득이 낮은 저숙련 노동자에게 대부분 불리한 상황을 제공한다. 최저임금은 대략 334만 명의 저소득 노동자가 적용 대상이다. 그런데 최저임금이 급격하게 상승하면 자칫 최저임금제도로 보호하려는 밑바닥 노동자의 일자리들이 사라질 수 있다. 최저임금 인상 논의가 갖는 본질적 한계다.

최저임금제도의 혜택을 받지 못하는 근로자가 늘어나는 것 역시 결코 바람직하지 않다. 2022년 기준으로 법정 최저임금액인 9160원을 받지 못한 근로자 비율은 전체의 12.7%였다. 5인 미만 영세 사업장에서는 29.6%, 농림어업이나 숙박 및 음식점업에서는 그 비율이 30%를 넘었다. 결국 노동 환경이 열악하거나 약자일수록 제도는 현실과 유리된다. 이런 측면에서는 이상적인 기준보다는 사회적인 합의를 전제로 실현 가능한 최저임금을 정하고, 이를 엄격하게 지키도록 만드는 것이 타당하지 않을까.

최저임금 결정을 두고 반복되는 사회적 갈등은 노사 모두에게 부담이다. 저임금 노동자의 생활 안정을 보장하면서도 성장을 저해하지 않는 최저임금을 정하는 게 그래서 필요하다. 모두가 인정할 수 있는 객관적 경제지표에 근거해 합리적인 최저임금을 정해야 한다. 솔로몬의 지혜가 절실한 때다.

회생변제계획안에서
읽히는 최저생계비

'최저생계비'는 인간으로서 건강하고 문화적인 생활을 유지하기 위해 소요되는 최소한의 비용이다. 이는 기초생활보장을 비롯한 각종 사회복지 수급자 선정 및 급여 책정의 기준이 된다. 경제 상황이 계급이 되는 사회 현실에서 최저생계비는 인간 존엄을 위한 최소한의 환경을 생각하게 한다. 특히 경제적 파탄에 이른 채무자에게 최저생계비 문제는 생존의 문제이기도 하다. 한계채무자들의 고민은 개인파산이냐 개인회생이냐의 문제로 시작하는데, 이는 계속적 수입과 가용소득의 존재 여부에 따라 결정된다. 통상 채무자의 연령이 많을수록 개인파산을, 젊을수록 개인회생을 신청할 가능성이 높다. 개인회생절차는 정기적, 계속적으로 생계비를 초과하는 소득을 얻을 수 있는 급여소득자 또는 영업소득자인 개인 채무자만 신청할 수 있기 때문이다.

회생변제계획안은 개인회생절차를 신청한 채무자가 자신

의 가용소득 전부를 투입해 '일정 기간 동안 어떤 방법으로 채권자들에게 채무 금액을 변제하겠다'는 내용을 담은 계획을 말한다. 가용소득은 채무자의 계속적 수입을 전제로 산정한 소득에서 채무자와 피부양자의 생계비를 공제한 금액이다.

생계비를 어떤 방식으로 얼마나 공제하는지 여부에 따라 채권자들의 몫과 채무자와 그 가족의 생활 수준이 결정된다. 여기서 생계비는 채무자와 피부양자가 인간다운 생활을 유지하기 위해 필요한 정도로, 채무자회생법은 국민기초생활보장법상 최저생계비, 피부양자의 연령과 수, 거주 지역, 물가 상황 등을 고려해 책정하도록 하고 있다.

2023년 기준으로 개인회생을 신청할 때 생계비 인정 기준은 1인 가구 124만 6735원, 2인 가구 207만 3693원, 3인 가구 266만 890원, 4인 가구 324만 578원이다. 이는 대략 중위소득의 60% 이내에서 결정된다.

회생위원들이 회생변제계획안을 검토할 때 가장 신경을 많이 쓰는 부분이 바로 생계비 산정이다. 생계비 산정 규모에 따라 채무자의 기본 생활이 달라지므로 법률적 고려사항 외에도 물가 같은 경제 상황까지 반영해 산정할 수밖에 없다. 이를 위해 기준 중위소득을 탄력적으로 적용하고, 주거비나 의료비, 교육비나 양육비 같은 추가 생계비를 적극 인정하는 방향으로 업무를 진행하고 있다.

빈곤의 사회학,
생존의 희망 리포트

최저임금과 최저생계비는 사회적 약자들의 생존을 위한 최소한의 기준이지만, 그 결정은 강자들 손에 달려 있다. 우리 삶의 딜레마는 이런 결정 과정에 대한 의문에서 시작된다. 최저임금과 최저생계비는 '누가' '어떻게' 정하며 그 기준은 타당하고 합리적일까? 실제로 한 개인이 인간다운 삶을 영위할 수 있을 정도의 비용일까? 누군가의 밥벌이와 생존이 힘 있는 자들의 정치적 타협과 이해관계의 산물은 아닐까?

누군가가 최저임금을 놓고 고민하고 있을 때 누군가는 임금 삭감 없는 주 4일제를 주장한다. 지극히 현실적인 자본주의적 일상이다. 서로의 사정과 처지가 다른 까닭에 공감을 주고받기가 쉽지 않다.

한국 사회의 많은 분야에서 윈윈과 상생 전략이 필요하다. 함께 살아가는 상생 시스템을 설계하는 문제는 정치공학의 과제다. 상생할 수 있는 환경을 조성하는 것이 정치의 숙명적 역할인데도 우리 정치는 제로섬 프레임을 조장하는 비겁함으로 가득하다. 비통한 이들을 위한 정치는 요원한 건지도 모르겠다.

"우리나라 상인들은 동물보호법의 동물만큼도 보호받지 못하고 있습니다"라는 고 노회찬 의원의 말이 떠오른다. 상인인 자영업자만이 아니라 그들로부터 임금을 받으며 살아가는 저임금 비정규직 노동자들의 삶은 더 말할 것도 없다.

우리 정치가 먹고사는 문제에서 멀어지는 것은 안타까운 일이다. 시민의 생활과 밀접한 법과 제도가 시민의 밥벌이와 동떨어져 만들어지는 것은 더 안타까운 일이다. 기업이 빌린 큰돈은 국민 세금으로 갚아주고, 시민의 작은 돈은 악착같이 받아가는 시스템이 계속 유지된다면, 우리는 그것을 정상적인 정치나 제도라 부를 수 없을 것이다. 시민의 삶과 괴리된 정치적 저의에 깊은 회의와 의심이 들 수밖에 없다.

발걸음이 빨라지는 퇴근길. 라디오 음악프로그램에서 어떤 시청자의 사연이 흘러나왔다. 사연을 읽어주는 DJ의 음성에는 흐뭇함과 따뜻함이 묻어났다. 40대 후반의 어느 가장의 이야기였다.

"저에게 오늘은 제2의 생일 같은 날입니다. 몇 년 전 회생법원에 개인회생을 신청하고 나서 3년이라는 변제 기간을 모두 마쳤거든요. 다시 새출발할 수 있도록 기회를 주신 모든 분께 진심으로 감사드립니다. 오늘 저녁에는 가족과 모처럼 치킨·피자 파티를 하겠습니다. 그동안 고생한 아내와 아이들과 함께 앞으로 더 열심히 살아가도록 노력하겠습니다. 두 아이에게 더 신뢰가 가는 아빠가 되도록 하겠습니다. 신청곡은 추가열의 〈행복해요〉 부탁합니다."(신청자 사연)

"이 사연을 읽는 제가 다 뿌듯하네요. 가족과 부디 따뜻한 저녁, 행복한 일상 만들어가시기 바랍니다. 우리 사회에 이렇게 어려운 사정을 이겨내고 다시 일어서는 분이 많아졌으면 하는 바람입니다. 지금, 이 노래처럼 우리 모두 행복해요."(응원하는 DJ의 멘트)

사연의 주인공은 아마도 변제 기간 중 최저생계비에 가까운 생활비로 살다 보니 아이들이 좋아하는 간식을 사주거나 외식을 마음 놓고 하지 못했을 것이다. 얼마나 마음 졸이며 살았을까. 마음속 깊은 곳에서 뭉클함이 밀려왔다.

"살아 있어 행복해, 살아 있어 행복해"라는 노랫말이 가슴 깊숙이 파고들었다. 치킨에 거품 가득한 맥주도 한 잔 드시길!

가난을 도둑맞은
이들의 몸부림
■ ■ ■ ■

〈오징어 게임〉에서 엿보이는
자본주의적 가난의 메타포

    국민총소득GNI이나 국내총생산GDP이라는 대외적 통계로
보면 한국은 결코 가난하지 않다. 한국의 2022년 1인당 국민총
소득은 3만 2886달러로, 1953년 66달러에 비해 70년 만에 500
배 증가했다. 또 국제통화기금에 따르면, 2022년 한국의 구매력
평가지수PPP를 반영한 1인당 국내총생산은 5만 3736달러로 일
본의 4만 9044달러보다 9.6% 정도 더 높다. 이는 한국 국민이
일본 국민보다 그만큼 더 많은 풍요와 여유를 누리며 산다는 이
야기다.

    하지만 이는 평균의 함정일 뿐 사람들이 체감하는 빈곤 수
치는 결코 줄어들지 않았다. 모두가 배곯았던 절대적 가난은 어
느 정도 해소되었지만, 상대적 빈곤은 더 높아졌고, 공동체 붕

괴와 함께 가족과 연대의식은 희미해졌다. 각개전투와 각자도생이 일상화된 지금, 가난은 점차 개인의 능력과 잘못이라는 인식이 지배적으로 자리 잡았다. 정치적 의제가 민생으로부터 멀어져가는 사회일수록 구조적 가난은 개인의 삶에 천착된다.

현실의 가난과 달리 우리 문학 속 가난에는 낭만과 감동이 있었다. 세 부부 이야기로 유명한 〈가난한 날의 행복〉은 김소운의 수필이다. 교과서에 실리기도 했던 이 글은 가난보다는 참다운 행복과 사랑에 초점을 두었다. 작가의 문장과 감성 속에서 피어난 가난은 하나의 도구에 불과했고, 독자들은 오래가는 감동의 여운을 얻었다.

생존 서바이벌 게임에
내몰린 사람들

여기, 인생의 막다른 골목에 있거나 빚에 쫓기는 사람들이 있다. 이들은 실존 서바이벌 게임에 뛰어든다. 주최 측은 거액의 상금(456억 원)을 내걸고, 참가자들은 자기 생명을 담보로 돌아올 수 없는 강을 건넌다. 게임은 단 한 사람만 살아남아 상금을 독식하는 생존게임이다. 게임과 규칙은 주최 측이 정하는데, 그 종목이 향수를 자극한다. 딱지치기, 무궁화 꽃이 피었습니다, 구슬치기, 달고나 뽑기, 줄다리기, 징검다리 건너기, 오징어 게임까지.

주최 측은 게임 시작 전 참가자들에게 세 가지 동의를 구한다. 임의로 게임을 중단할 수 없고, 거부는 탈락으로 간주하고, 과반수가 동의하면 중단할 수 있다는 것. 생각해보면 자본주의적 밥벌이 역시 임의로 중단할 수 없고, 거부는 탈락자로 낙인찍히며, 동의에 의해 중단할 수는 있지만, 어쩔 수 없이 다시 밥벌이의 세계로 복귀해야 한다. 곧 이 게임은 우리 생존 방식을 상징히는 것이라 볼 수 있다.

이는 넷플릭스 드라마 〈오징어 게임〉의 스토리다. 〈오징어 게임〉은 넷플릭스를 통해 전 세계적으로 유명해졌고, 제74회 에미상에서 남우주연상을 포함해 6개 부분에서 수상했다. 알찬 스토리와 배우들의 열연도 좋았지만, 자본주의적 속성과 경쟁 사회의 비정함을 들여다볼 수 있는 계기가 되었다는 점에서 수작이었다. 〈오징어 게임〉의 주최자와 참가자 캐릭터는 우리 사회의 무엇을 표현한 걸까? 이 블랙코미디에 숨어 있는 수사적 코드는 무엇이었을까?

드라마 속 각종 게임은 우리 삶이 생존하기 위해 견뎌야 할 경쟁이다. 탈락자는 죽는다는 상황은 우리가 전쟁터에 살고 있음을 말해준다. 평온해야 할 삶의 터전이 경쟁과 생존만을 위한 정글이라는 암시는 디스토피아적 절망에 가깝다. 친근한 게임을 도구로 사용한 것도 생존을 위한 경쟁과 위험이 우리 일상임을 일깨워준다.

게임 주최 측은 막강한 힘과 부를 가진 이들이다. 게임에 참가한 다양한 약자들은 그들에게 오락의 대상일 수밖에 없다. 쓰다 버리거나 대체할 수 있는 소비재로서 부속물. 어쩌면 자본주의적 정의는 부의 불평등을 이념적으로 받아들일 수밖에 없는 불편한 현실에서 오는 듯하다. 평온한 중산층을 꿈꾸지만 막상 집 한 채 마련하기 힘들고, 신분 상승을 위해 열심히 일하지만 월급 빼고는 다 오르는 시대를 살아가는 숙명.

게임 참가자들은 주변에서 흔히 볼 수 있는 사람들이다. 이들 중 금수저나 은수저는 없다. 실패를 거듭해 막다른 골목에 있거나 경제적으로 생활고를 겪는 이들이다. 결국 〈오징어 게임〉은 경제적 궁핍에 몰린 채무자들에게 '인생은 한 방'이라는 생각의 위험성을 경고하는 이야기일 수밖에 없다. 불편한 내용이지만 여러 극적 재미와 함께 흥행할 수밖에 없었던 우리 현실을 생각하면 유감스러울 뿐이다.

'도둑맞은 가난'의 시대가
오고 있다

〈오징어 게임〉의 폭력은 부자들이 가난한 이들의 욕망을 훔치고 이들의 이전투구를 게임으로 바라보는 시각에 있다. 부자들은 자신들의 권태를 벗어나기 위해 혹은 자신들의 삶을 다채롭게 하기 위해 가난한 이들의 곤궁함을 탐내기도 한다.

〈오징어 게임〉 주인공들은 자신의 가난을 도둑맞고 싶어한다. 그들의 열망은 '아무도 모르게, 수치심 없게'라는 간절한 바람으로 나타난다. 가난한 사람이 평범한 희망을 품지 않는 시대에서는 누구나 〈오징어 게임〉을 꿈꾼다.

가난의 문학적(예술적) 계보는 《난장이가 쏘아올린 작은 공》《괭이부리말 아이들》〈오징어 게임〉으로 이어지는 듯하다. 《난장이가 쏘아올린 작은 공》은 절대적 가난을 그렸는데, 그때는 끈끈한 공동체 의식이 존재했다. 《괭이부리말 아이들》에 이르러서는 상대적 가난이 등장하는데, 이때부터 공동체와 가족의 붕괴로 가난의 개인화가 시작됐다. 〈오징어 게임〉은 가난이 혐오가 되고 내면화되어 상품화(체험과 생존게임의 대상)에 이른 경지를 보여준다. 게임의 설계와 즐거움은 단지 부자들의 쾌락을 위한 것이다. 박완서의 소설 《도둑맞은 가난》의 또다른 버전이다. 이 소설은 1970년대를 배경으로 하지만 2023년에도 유효하다.

나쁜 부자들의 오락을 위해 가난한 이들의 생사가 결정되는 시대. 가난이라는 누군가의 상처가 다른 누군가에게는 훈장이 되는 시대. 우리는 자유롭게 자기 삶을 선택하고 결정하고 있는 걸까? 긍정적인 답을 한다면 그렇게 생각하도록 조종되고 있는 건 아닐까?

　개인의 동의, 공동의 규칙(법률), 평등, 참여로 귀결되는 정치체제는 무엇일까? 이는 누구나 아는 민주주의의 요체들이다. 하지만 동의가 있다고 해서, 평등하다고 해서 민주주의라고 말할 수는 없을 것이다. 혹여 형식적 민주주의라는 외피 안에 다른 무언가가 들어 있는 건 아닐까? 어쩌면 〈오징어 게임〉의 폭력성과 잔혹성은 민주주의적 조건이 만들어낸 결과물일지도 모른다. 형식적으로 바라보면 〈오징어 게임〉은 개인의 동의를 거쳐 공동의 규칙이 결정된 것이기 때문이다.

〈오징어 게임〉은
자본주의적 가난의 메타포

　〈오징어 게임〉이 주는 철학적 함의는 무엇일까? 거기에는 자본주의와 소시민의 삶, 경제적 파산이라는 공통분모가 존재한다. 사회공동체와 개인의 절망과 희망의 코드 그리고 법과 제도의 부실이라는 실망의 코드도 당연히 내장되어 있다. 그렇다고 현실의 삶이 드라마 속 주인공처럼 낭만적 재미와 고통 속의 감동, 아름다운 결말을 쉽게 내어주지는 않는다. 누군가는 끊임없이 자기 삶에서 도피하고픈 충동과 좌절의 공포를 느끼며 살아간다. 나아가 비정한 게임의 세계에 유혹을 느끼기도 전에 자기 삶을 저버리는 이도 많다.

가난한 이들의 공포와 무력감을 상품으로 치장할 때 '도둑 맞은 가난'은 박완서의 소설처럼 된다. 그 속에 숨은 은유와 부자들의 욕망은 현실에서 다양한 〈오징어 게임〉으로 나타난다. 가난마저 박탈당하는 이들이 느껴야 했던 절망감은 부자들의 무료한 삶을 다채롭게 만드는 회전목마일 뿐이다.

결혼과 꿈을 미루고 절박한 현실에 얽매이는 청년이 많아질 때 한국 사회의 미래는 어두워질 것이다. 단지 젊다는 이유로 우리 사회는 그들의 빚과 부담을 줄여주는 데 지극히 소극적이다. 사회가 청년세대를 위한 사회안전망을 갖춰야 하는 이유다. 이들에게서 가난마저 훔치는 나쁜 손이 아니라 성장을 돕는 착한 손이 필요하다.

〈오징어 게임〉 참가자들이
회생·파산 신청을 했다면?

드라마가 아니었다면 〈오징어 게임〉 참가자 중 상당수가 회생법원을 방문하지 않았을까? 만약 그들이 서바이벌 게임이 아닌 회생법원에 개인파산을 신청했다면 어떻게 되었을까?

법과 제도를 비롯한 사회 시스템이 경제적 약자를 위한 구제절차를 갖고 있더라도 모든 이가 이를 이용할 수는 없다. 〈오징어 게임〉 참가자들이 개인파산제도를 통해 채무를 탕감받는 것은 제한적일 것이다. 예를 들어 선물거래로 큰 손실을 입은 것은 면책불허가 사유인 사해행위에 해당해 참가자 상우에게는 면책이 허용되지 않을 가능성이 크다. 다만 법원의 재량 면책의 여지는 있기 때문에 기사회생 가능성은 조금 남아 있다.

그렇다고 〈오징어 게임〉이나 《청춘 파산》 주인공처럼 개인의 힘으로 고난을 극복하라고 권유할 수도 없다. 현실 속 개인의 삶은 가공된 이야기보다 훨씬 더 극적이고 고통스럽기 때문이다. 게다가 개인이 의도한 대로 스토리보드를 짤 수도, 원하는 결말을 만들어낼 수도 없다.

현실의 고통을 구제하는 제도가 존재하는데도 개인은 그 문턱을 넘기 어려울 수도 있다. 왜 이런 제도를 활용하지 않고 극단적 수단을 선택했는지 묻는 것은 무례한 일이 될 수 있다. 각각의 상황과 인식에 기반을 둔 판단(과정)이 존재하는 것이다. 훈수는 쉽지만 직접 꾸려나가는 것은 어렵다.

기득권에 편중된 사회제도와 약자를 배려하지 못하는 사회 안전망은 제2의 〈오징어 게임〉 참가자와 《청춘 파산》 주인공들을 양산할 것이다. 이들을 위한 또다른 대책이 하루 빨리 마련되어야 하는 이유다.

와인의 숙성도와
법원 심사업무의 상관성

■ ■ ■

결연한 초심과 강심장이 숙성되어
부드러워지는 이유

"어깨에서 힘 빼세요."

무슨 운동이든 처음 배울 때 가장 많이 듣는 말이다. 부상을 방지하고 여유를 찾게 해준다는 점에서 최고의 조언이다. 하지만 몸에서 힘을 빼는 게 초보자들에게는 결코 쉬운 일이 아니다. 어느 정도 고수의 반열에 올라야 가능한 일이다. 힘을 빼는 것은 운동이나 업무는 물론 와인 같은 데도 적용된다. 성숙하고 농익은 와인에는 이른바 '쓸데없는 힘'이 없다. 그래서 부드럽다. 능력 있는 업무 담당자가 되기 위한 최선의 조건 역시 힘을 빼는 데 있을 것이다.

어깨에 힘이 들어간 첫걸음

서울회생법원 전입 환영식은 특별한 데가 있다. 보통 법원의 전입 환영식은 단체로 강당에 모여 악수와 환영 인사로 끝난다. 전입 환영식 이후 단체로 각 사무실을 돌며 눈인사를 건네면 족하다. 새로 전입한 이에게 부담이 없는 법원의 전통적인 전입 인사 방식이다.

그런데 서울회생법원은 여느 법원과 달리 전입자들을 긴장하게 하는 묘한 행사를 진행한다. 전입자 모두 1호 법정에서 자기소개를 곁들인 전입 인사를 하는 것이다. 돌이켜보면, 준비 안 된 건배사만큼이나 전입자들을 불편(?)하게 하는 일종의 통과의례다. 지나고 보면 별것 아니지만, 첫날부터 당황한 빛이 역력하다. 마이크 잡고 타인 앞에서 말하고 싶은 사람이 얼마나 있을까? 그 가운데서도 각인각색의 캐릭터가 나타난다. 어떤 이는 짤막하게 자신을 소개하지만, 장광 연설을 하는 이도 있다. 3분 스피치 시간으로 착각한 게 아닐지! 대부분은 회생·파산 업무를 처음 접하는지라 업무 자체에 대한 기대와 각오는 듣는 이들의 손발을 오그라들게 한다. 말하는 이도 듣는 이도 쑥스럽기는 마찬가지다.

몇 번의 전입 행사를 경험한 결과 처음 회생업무를 맡은 판사들과 직원의 태도는 비장하고 결연하다. 비송업무의 특성상 심사나 판단을 하는 이들의 손에 신청인의 명운이 달린 까닭이다. 추상秋霜이나 날 선 칼날 같은 자세로 임하겠다는 각오를 밝히는 이들도 있다. 일방적으로 배려받는 채무자와 일방적으로 손해 보는 채권자 사이에서 여러 불편한 감정이 교차하기 때문일 것이다.

하지만 "누구나 그럴싸한 계획을 가지고 있다. 얻어맞기 전까지는"이라는 마이클 타이슨의 인터뷰는 여기에도 통용된다. 회생법원에 전입한 "누구나 그럴싸한 계획을 가지고 있다. 업무에 치이기 전까지는" 말이다. 계속 반복적으로 유사한 사건을 처리하다 보면 피로인지 권태인지 모를 정체가 다가온다(물론 공적 영역의 업무들이 대부분 이와 비슷한 궤적으로 진행될 것이다).

초심이 초심에
머물러야 할 때도 있다

일반 민사재판은 원고와 피고 간에 승패를 당사자의 주장과 입증책임에 따라 정하기만 하면 된다. 이때 재판부나 판사는 중립적 입장에서 양측 이야기를 듣고 누가 타당한지 판단한다. 판사 개인의 직업적 양심을 제외하고는 다른 가치관이나 편견이 개입하기가 쉽지 않고 개입되어서도 안 된다. 하지만 회생·파산 재판에서는 법인과 개인에게 새출발 기회를 줄 것인지 말

것인지에 관한 중대한 판단을 해야 한다. 흔히 말하는 누군가의 생사여탈권 문제가 담당자 결정에 달려 있는 것이다. 그 때문에 결기를 세운 눈빛이 예사롭지 않은 것이다. 흔히 초심이 깃든 영혼들의 대화에서는 이런 문장이 오간다.

"회생·파산제도가 채무자를 법률적으로 구제할 수는 있지만 도덕적 구제는 어렵지 않을까."

"채무자의 도덕적 해이와 채권자의 불이익과의 균형은 우리가 찾아야 하지 않을까."

"채무자가 제출한 대로 심사하고 판단할 게 아니라, 혹시 우리가 더 알아야 할 게 있는지 의심해봐야 하지 않을까."

그렇지만 그 어떤 것도 시간을 이길 수는 없는 법. 초심에 포장된 날카로움이 살아 있는 것도 잠시, 업무가 능숙해질수록 날카로움은 무뎌지고 처리 속도는 둔감해진다. 물론 무뎌지고 둔감해진다고 해서 업무가 산으로 가지는 않는다. 저마다 처리 기준이 버티고 있기 때문이다. 계속 반복되는 업무의 장점이기도 하다(한편으로는 무뎌지면서 다른 한편으로는 섬세해진다).

보통 2~3년 정도 회생법원에 근무하는 판사들과 회생위원들을 보면 1년차 때와 업무를 대하는 태도가 분명 다르다. 고수의 눈과 감각이 생겼다고 할까. 초심을 드러내지 않고서도 훨씬 유연하면서 정확해진다. 서면 심사를 할 때는 사안을 보다 입체적으로 바라보게 된다. 시간과 경험이 더해지면서 잘 살필 수 있는 업무 감각이 발달하는 것이다.

생각해보면 초심은 초심에 머물 때 의미가 있다. 세상살이의 많은 부분이 초심에서 벗어나 환골탈태해야 할 때가 필요한 법이다. 설익은 풋감이 햇빛과 바람과 서리를 맞으며 말간 홍시가 되듯, 경직된 초심도 시간과 경험과 고심을 통해 농익은 고수의 마음가짐으로 바뀐다. 그래서 초심으로 돌아가라는 말이 항상 옳은 것은 아니다.

와인의 숙성과
심사 업무의 상관성

와인처럼 말도 많고 종류도 많은 술도 없다. 가격도 천차만별이고 맛도 가지각색이다. 와인을 처음 접할 때 누구나 하는 실수는 '아무 잔에나 그냥 마신다'는 거다. 와인은 품종부터 떼루아(토양), 빈티지(생산 연도) 등 이것저것 따져보고 구입해야 더 맛있게 즐길 수 있다. 마시는 잔이 중요한 것은 공공연한 비밀이다.

자기 입맛에 어떤 품종이 더 잘 맞는지, 얼마만큼의 브리딩 Breathing(와인과 산소가 만나는 것)이 필요한지, 어떤 잔에 마셔야 제격인지, 어느 정도 온도에서 마셔야 하는지, 어떤 음식과 궁합이 맞는지 등 깨알 지식이 쌓일수록 알찬 애호가가 된다. 물론 골치 아프지 않게 아무것도 따지지 않고 그냥 마셔도 된다.

좋으면서 비싼 와인은 일정 시기가 지나 개봉해도 떫은맛을 피할 수 없다. 아직 개봉할 시기가 안 되어서 숙성기간 동안 응축된 맛과 향이 쉽사리 풀려나지 않아서다. 이때 중요한 게 산화작용인데 산소와 접촉을 시켜야 자기 본연의 향과 맛이 피어난다. 부드러워지는 것은 당연하다.

누구나 초짜 시절이 있다. 생각해보니 바람직한 심사권자나 결정권자의 조건은 좋은 와인의 조건과 닮았다. 15년차 판사 A에게 첫 재판의 기억을 물었다. 이제는 재판 업무와 사법행정을 골고루 경험한 베테랑이다.

"무슨 재판이었는지 기억은 희미하지만 내가 이래도 되나 하는 생각이 들었어요. 사법시험에 합격한 뒤 사법연수원에서 배우고, 판사로 임용되어 연수받는 과정에서도 많이 생각했는데, 막상 타인의 인생사에 대한 결정을 해야 한다고 하니 무척 떨렸던 것 같아요. 간단한 사안이었지만 보고 또 보면서 엄격하게 해석하려 했지요. 양 당사자들에게는 상당히 딱딱해 보였을 거예요. 어린 친구가 어깨에 힘준 것처럼요. 지금은 훨씬 유연해졌죠(웃음). 많은 사건을 다루면서 판단 기준이 명확해졌고, 이해의 폭이 더 커져서 그런지 심리적 부담은 덜합니다. 법원 조직에서 이런저런 다양한 업무를 경험하면서 세상과 사람을 바라보는 눈이 생겼다고나 할까요."

후배 판사를 가만히 바라보니 어느덧 서글서글한 눈매의 중년이 되어 있었다. 이제는 미용실에 갈 때마다 염색을 해야 한다고 한다. 후배는 어깨에 불필요한 힘을 빼고 법전으로만 세상을 판단하지 않는 균형으로 농익어가고 있었다. 우리에게 주어진 법전이나 업무처리 매뉴얼은 말 그대로 기준만 제공할 뿐 '왜, 어떻게, 어느 정도' 같은 섬세함까지 주지는 않는다. 저 세 가지는 오롯이 개인의 몫이다.

익을수록 고개를 숙이는 것은
세상의 바른 이치

교대역 부근에 근무하는 지인들과 저녁 메뉴로 고기에 와인을 곁들였다. 바로 마시기에는 단맛이 적고 산미가 강한 시라 품종이 좋다. 특히 육류에는 제격이다. 최근에는 호주 쪽 시라가 맛도 가성비도 좋다. 와인 색상과 농도가 진할수록 혀와 코에 와닿는 부드러운 질감은 더 높아진다. 서울의 한 법원에서 근무하는 후배가 말갛게 타오르는 숯불을 바라보며 말했다.

"무엇이든 처음이 있지만, 지금처럼 시간이 흘러 익어가는 것도 괜찮지 않아요? 법원 업무나 우리 삶이나."

"그렇지. 처음에는 어깨에 힘이 들어가고, 마음가짐도 불필요하게 엄격했지. 시간이 흐르면서 당사자나 사건을 이해하는 능력이 자라면서 힘이 빠지고 부드러워진 것 같아. 지금 마시는 와인도 똑같잖아. 아는 만큼 보이고, 보이는 만큼 더 알게 되는 것처럼 말야."

그날 와인 선택은 성공적이었다. 신맛과 떫은맛의 조화가 오묘했고, 중저가인데도 결코 가볍지 않은 묵직함이 소리 없이 미각을 높여주었다. 그렇다. 우리 삶은 오감을 모두 사용해야 감정과 기억이 풍부해진다. 그 공감각적이고 입체적인 경험을 통해서야 비로소 단맛, 쓴맛, 신맛, 짠맛, 감칠맛을 모두 느낄 수 있다.

고기와 와인이 익어가는 화롯가에서 우리 모두 익어가고 있었다. 어깨와 목에서 힘을 빼고 볼 일이다. 업무도, 와인도, 우리 삶도.

4장

따뜻한 마음을 품은
정책을 꿈꾸며

더 따뜻한
회생·파산제도가 되기를

■ ■ ■

회생·파산제도를 통해
갱생의 기회를 가진 이들의 이야기

연말이 다가오면 송년 모임과 함께 한 해를 결산한다. 그중 하나, 올해 우리 가족의 소득은 얼마나 되는지, 어느 정도 수준에 속할지도 가늠해보곤 한다.

2022년 기준 금융자산 10억 원 이상을 가진 사람이 45만 6000명이라고 한다. 우리가 '한국의 부자'라 부르는 이들의 수가 이 정도다. 상위 1% 가구의 소득은 연 2억 1632만 원, 상위 10% 가구의 소득은 연 1억 3350만 원이다. 전체 가구 소득인 6414만 원과 비교해보면 가계마다 경제적 부의 차이가 크다는 것을 알 수 있다. 해가 더할수록 그 기준선이나 상한액은 계속 높아지거나 늘어나고 있다. 이는 그만큼 자본주의 시스템을 통한 자산 증식의 기회가 많다는 것을 의미한다.

반면 소득보다 채무를 걱정하는 이도 상당하다. 주위를 돌아보면 이런저런 이유로 빚을 진 사람이 무척 많다. 회생·파산자나 신용불량자 같은 통계수치를 보더라도 경제적 한계 상황에 처한 사람의 수는 꾸준히 늘어나고 있다. 실제 통계에 잡힌 숫자는 빙산의 일각에 불과하다는 게 전문가들의 중론이다.

자본주의 사회에서 경제적 실패나 가난으로 인한 고통을 몇 개의 문장으로 표현할 수는 없다. 〈오징어 게임〉이나 자전적 소설에서 보이는 절망의 흔적은 고통의 눈더미 속에 쌓여 있다. 타인에게 보이는 불행은 그들 삶의 질곡에서 극히 일부에 불과하다. 인생의 위기를 극복하고 다시 일상으로 돌아온 이들은 어떤 삶을 살고 있을까.

사례 1

연대보증채무에 시달리다 개인파산을 신청한 어느 70대.

그는 지방 소도시에서 자영업을 하고 있었다. 여러 활동을 하며 알게 된 친구가 있었는데. 사업과 관련한 은행 대출 과정에서 친구의 연대보증을 서게 되었다. 모든 불행은 거기서 시작되었다.

자신이 어떻게 빚을 떠안게 되었는지 알게 되었을 때는 이미 주채무자가 서울로 야반도주한 상황이었다. 이들은 자기 재산을 철저히 제3자 명의로 이전하는 치밀함까지 보였다. 심지어 사위와 딸의 명의로 빼돌린 재산으로 큰 음식점까지 차렸는데, 70대 노인은 이를 보고 살인 충동까지 느꼈다고 한다.

"살면서 이처럼 인간이 밉고 싫은 적이 있었나 싶어요. 그래서는 안 되지만 살인 충동이 들 정도로 화가 많이 났어요. 가족과 나를 위해 마음을 다스리다 속병이 들었죠."

억울하게 채무자가 된 보증인은 수년간 수소문 끝에 그의 영업장을 찾아가 채무 변제를 촉구했지만 가진 게 없어서 어쩔 수 없다는 말만 들었다. 70대 노인은 재산 전부를 처분해 연대보증채무를 갚았지만 잔여 채무 때문에 채권자로부터 지속적으로 고통을 당해야 했다. 이 때문에 부부 사이가 나빠져 이혼까지 하게 되었고, 가족들은 전국으로 뿔뿔이 흩어졌다. 그때의 고통은 말로 표현할 길이 없다고 한다.

다행히 그 뒤로 법률구조공단 회생·파산 상담팀의 도움을 받아 파산 신청을 한 뒤 면책을 받았다. 부부는 면책 이후 다시 합쳤고, 최근 자녀들을 결혼시키면서 미안함에 결혼식장이 눈물바다가 되었다고 한다. 그는 회생법원과 회생·파산제도에 큰 감사를 느낀다고 말했다.

"처음에는 분노가 치밀어올랐다가 어느 순간 막막해지더라고요. 그때 우연히 법률구조공단과 법원에서 상담을 해준다고 하기에 솟아날 구멍이 있지 않을까 싶어 무거운 마음으로 방문했죠. 상담을 받으면서 나 같은 억울한 채무자가 많다는 걸 들었습니다. 억울하고 선량한 채무자라며 격려해주셔서 나쁜 생각까지 했던 자신을 나무랐어요. 지금은 모든 것에 감사해요. 상담해주고, 파산 신청을 받아주고, 면책 결정까지 내려준 모든 분에게요."

사례 2

50대 중반에 개인회생을 신청한 B.

50대인 B에게도 한때 잘나가던 시절이 있었다. 서울 소재 대학을 졸업한 뒤 처음 들어간 대기업에서 부장 자리까지 오르자 40대 후반이었다. 사회경제적 불황으로 기업이 어려워지면서 대규모 명퇴가 시행되었고, B도 그 행렬의 일원이 되었다. 그래도 그때는 뭐든 새로 시작해 가족을 먹여 살릴 수 있을 거라고 생각했다.

명예퇴직금과 약간의 빚으로 시작한 막걸리집은 처음에는 괜찮았다. 대형 프랜차이즈는 아니었지만 그래도 양질의 재료와 안정된 공급망을 갖춰 몇 년은 순조롭게 흘러갔다. 한 우물만 팠으면 큰 문제가 없었겠지만, 주변 상인의 권유로 인근에 2호점을 만들면서 채무의 수렁에 빠지기 시작했다. 때마침 코로나가 유행하면서 영업시간 제한으로 손님들 방문이 뜸해졌고, 결국 막다른 골목으로 내몰릴 수밖에 없었다.

"장사가 잘 될 때는 무지개가 존재하는 꿈을 꾸죠. 이렇게

벌면 금방 빌딩도 올릴 수 있지 않을까 하는 쓸데없는 생각도 했습니다. 그런데 세상일이 마음대로 안 되잖아요. 손님들이 떨어지고 이자 비용이 눈덩이처럼 불어나니까 아무 생각도 들지 않더라고요. 아내나 아이들 보기에 부끄러울 정도로 자책도 했거든요."

회생위원 K는 처음에 B의 신청에 각하 의견을 냈다. 채무 초과 상황이 분명했지만 미래소득에 대한 불확실성과 기대 가능성이 낮아 개인회생 조건에 부합하지 않는다고 본 것이다. 신청인의 상황이 도저히 회생변제계획을 완수할 수 없을 거라 판단해 파산을 권유했다. 신청인에게 다시 선택할 기회를 준 것이다. 하지만 신청인은 회생위원 면담 과정에서 자기 능력으로 최대한 변제하겠다는 의지를 표명했다. 현재 사업을 축소해 재기할 계획을 세우고 있는 그는 친구 사업체에서 일하고 있다며 회생위원을 설득했다.

결국 회생위원은 B와 변제계획안에 대한 이야기를 나누고 난 뒤 취하 권고를 철회했다.

"채무자가 그렇게까지 굳은 결심을 하고 개인회생으로 진행하겠다고 하니, 서면으로만 봤던 채무자의 사정을 다시 돌아보게 되더라고요. 사실 대리인들이 법률 전문가여서 다들 그럴 듯한 사연을 만들어 오거든요. 최대한 불쌍하게 보이려 하고, 최소한만 변제하게끔 서류를 작성하죠. 물론 양심적인 사례도 꽤 있습니다. 그분들은 회생·파산제도가 있어서 혜택을 보는 것에 부끄럽기도 하고 고맙기도 하다는 말을 많이 합니다."

채무자 B의 변제계획안은 담당 재판부의 인가를 받았다. 그리고 총 3년의 변제 기간 중 현재 2년차에 접어들고 있다. 인가 후 회생위원에 따르면, B는 성실하게 변제금을 납부하고 있다고 한다(서울회생법원은 개인회생 신청부터 변제계획안 인가까지 담당하는 회생위원과 인가 후 변제 과정을 담당하는 회생위원으로 업무가 나뉘어 있다).

"한동안 닫아두었던 첫 막걸리집에서 다시 장사를 시작했습니다. 코로나 시국이 끝나면서 골목 안쪽으로 손님들이 들어오기 시작했거든요. 초심을 가지고 열심히 일하면서 약속했던 채무를 변제할 생각입니다. 이번 일이 끝나면 두 번 다시는 회생법원에 오지 않으려고요. 허허허."

빚 권하는 사회에서 과연
'못 갚을 권리'는 존재할까?

한국 사회는 빚을 권하는 사회다. 내 집 마련이나 가상화폐, 주식 투자 과정에서 빚을 내는 것조차 능력으로 치부된다. 정부는 기업과 금융권에 친화적이며, 자본주의 금융 시스템은 선량한 양의 탈을 쓴 약탈적(야만적) 얼굴을 갖고 있다. 개개인은 누군가에게 쫓기듯 빚을 내고 그 빚으로 자산을 증식하는 것을 능력이라 여긴다. 한국 사회의 민낯이다.

정당한 계약에서 약속은 지켜야 한다는 법언은 옳다. 하지만 개인이 어찌할 수 없이 채무를 지게 되었을 때가 문제다. 변제 능력이 있다면 문제가 없지만, 이유를 불문하고 경제적 파탄 상황에 이르렀다면 어떻게 해야 할까? 빚을 갚을 수 없는 상황에서도 약속은 지켜져야 할까? 빌려준 이들에게는 아무 문제도, 책임도 없는 걸까? 왜 빌린 이들의 의무만 존재하는 걸까? 이는 철학적 당위의 문제가 아니라 현실적·존재론적 문제이며 생존에 관한 것이기도 하다. 하지만 이 문제에 그 누구도 답을 주지 않는다. 곧 '빚을 못 갚을 권리'가 존재하는가에 관한 인식의 이야기다. 결국에는 약탈적 대출을 권하는 금융 시스템으로 거대한 이익을 취하는 금융 채권자로부터 일정 부분 양보를 얻어내야 한다. 정보의 비대칭성을 활용해 금융상품을 판매하는 금융산업은 부실 채권이 포함된 상품을 설계해 매년 막대한 순이익을 남기고 있다. 채권자의 양보는 빚을 갚지 못하는 채무자의 갱생을 위한 회생·파산제도의 정당성과 관련해 중요한 근거중 하나다.

지금 이 순간에도 회생법원의 뉴스타트 상담센터 앞에는 누군가가 상담을 기다리고 있다. 민원인에게 다양한 정보를 제공하는 상담위원은 이렇게 말한다.

"경제 상황이 어려운 분이 많이들 찾아와요. 이런저런 채무 서류를 놓고 이야기를 나누는데, 어떤 분에게는 바로 파산 신청을 할 수 있다고 말씀드리거든요. 그러면 채권자가 당해야 하는 상황 때문에 도저히 파산 신청은 할 수 없다고 고개를 젓는 분도 있어요. 어떻게든 자기 힘으로 돈을 벌어 갚겠다고 돌아간 분도 꽤 됩니다. 상담위원 입장에서는 상담에 실패한 거지만, 그래도 누군가에게 피해를 주지 않기 위해 애쓰는 분을 보면 마음 한구석이 따뜻해집니다."

누군가는 연말 상여금이나 성과급으로 '금융치료'를 받는다고 환호한다. 금융치료는 돈으로 감정이나 마음을 치료한다는 신조어다. '빚을 못 갚을 권리'만큼이나 우리에게 낯선 단어다. 자본주의 스펙트럼은 그만큼 넓고 깊다. 열심히 일하고 합당한 보상을 받는 건 지극히 정당하다. 우리가 사회경제적 약자에게 더 관심을 쏟고 관련 제도를 확충해야 하는 이유 또한 정당하다.

사회적 약자를 위한 제도를 만들어도 경제적 파탄에 처하는 이들은 계속 등장할 것이다. 잘 만들어진 시스템이나 제도가 모든 이를 구제할 수는 없다. 그럼에도 사회안전망 확보라는 차원에서 약자들을 위한 제도는 늘 준비되어 있어야 한다. 따뜻한 가슴을 가진 회생·파산제도가 바로 그렇다.

송파 세 모녀 사건 9주기에 돌아보는 한국 사회

■ ■ ■

사회복지정책을 위한
안나 카레니나 법칙이 필요한 때

송파 세 모녀 사건으로
우리는 어떤 교훈을 얻었나

2023년은 송파 세 모녀의 비극이 일어난 지 9주기가 되는
해다. 한국 사회는 그때보다 사회적 약자들을 더 살피는 사회로
진보했을까? 정치권은 거미줄 같은 복지정책을 정비하고 수급
자들을 위한 최소한의 재원을 마련했을까?

미봉책과 사후약방문이 습관화된 정치권과 정책 입안자들
의 관성은 한국 사회를 분명 병들게 하고 있다. 가장 나쁜 대책
은 미봉책이고, 가장 나쁜 처방은 사후약방문이다. 그럼에도 전
가의 보도처럼 쏟아지는 사후 대책은 반짝 유행을 타다가 거대

한 망각의 강으로 사라져버린다. 비극이 반복되었을 때 우리는 그제야 떠올린다. 마치 새로운 생각이 돋아난 것처럼.

송파 세 모녀 사건의 본질은 사회안전망의 총체적 난국을 보여줬다는 점이다. 복지정책과 사회정책의 사각지대에 방치된 이들을 개인의 선택이라는 미명에 맡긴 것이다. 정부부처 간 유기적 대응과 사각지대를 없애려는 노력이 있었다면 그 비극은 발생하지 않았을 것이다.

쌀 한 가마니와 라면 한 박스로 사회적 약자의 소외와 방치 문제를 해결할 수 있는가? 우리 제도와 정책 입안자들의 인식은 딱 여기까지다. 복지정책이 아무리 무지갯빛 청사진을 가졌다 할지라도 대상자가 혜택을 받지 못한다면 빛 좋은 개살구일 뿐이다. 지금도 경제 문제로 안타까운 선택을 하는 일가족 소식이 수시로 들린다. 결코 일어나서는 안 될 비극이다. 사회적 비극을 소비하는 언론의 적극적 역할로 한국 사회의 불안은 더 쉽게 전염되고 고조되고 있다.

지금은 안나 카레니나 법칙이 필요한 때

톨스토이는 《안나 카레니나》 첫 구절에서 "모든 행복한 가정은 서로 닮았고, 불행한 가정은 제각기 나름의 이유로 불행하다"라고 선언했다. 우리가 말하는 안나 카레니나 법칙이 탄생한 순간이다.《총균쇠》로 유명한 진화생물학자 재레드 다이아몬드는 안나 카레니나 법칙을 사회과학적으로 더 발전시켰다. 그의 결론은 "성공은 모든 요소가 충족되어야 하며 어느 한 가지라도 어긋나면 실패할 수밖에 없다"라는 것이다.

　잘 만들어진 사회복지 정책은 안나 카레니나 법칙의 적용을 받을 수밖에 없다. 사회 현상의 한 측면만 바라보거나 상황 판단의 필요충분조건을 누락했을 때 그 정책은 실패할 가능성이 크기 때문이다. 정책 실패의 위험성을 줄이기 위해 정부부처에는 수많은 상설(임시) TF팀과 위원회가 설치된다. 이들의 입체적 노력과 다각도에 걸친 판단과 결정이 정책 입안과 결과의 성공을 좌우한다.

　송파 세 모녀 사건과 유사 사건(수원 세 모녀 사건 등)에서 보다시피 우리는 사회적 약자의 현실을 복합적으로 보지 못했다. 정치권과 정부는 선제적이면서 섬세한 상황 판단과 정책적 대응이 필요한데도 예산과 인력 부족 그리고 전문성 결여를 이유로 내세우며 복지 사각지대를 외면했다. 그렇기에 한국 사회의 비극은 현재진행형일 수밖에 없다.

　복지국가에서 국가의 기초생활보장과 복지급여는 헌법이 보장하는 권리다. 그런데도 이를 국가의 특별한 혜택으로 보는 시각 그리고 개인의 문제로 인식하는 사회적 정서 때문에 한계

가정이 국가기관에 선뜻 손 내밀기가 힘든 것이다.

현재 정부는 빅데이터를 활용해 위기가구를 포착하고, 복지 사각지대를 없애기 위해 각 위기 정보에 대한 채널을 늘리고 있다. 기존 정보 말고도 의료비나 수도가스 요금 체납 같은 다섯 부분의 정보를 추가하고, 금융 연체금액 범위를 1000만 원 이하에서 2000만 원 이하로 상향했다. 또 실제 거주지와 주민등록상 주소지가 다른 경우 사실조사를 통해 위기가구 발굴에 활용할 계획이다.

잘 만들어진 제도는 느슨하면서도 촘촘하게 연결되어 있다. 얼핏 보면 서로 관련성이 없는 듯하지만 중요한 순간에는 하나의 퍼즐처럼 들어맞는다. 부처 이기주의와 관료의 근시안, 전문가의 전문성을 활용하지 못하는 정치권의 무능으로 법과 제도와 정책이 따로 노는 일이 더이상 반복되어서는 안 된다.

회생·파산제도는 사회복지제도다

한계채무자 구제와 갱생을 위한 회생·파산제도는 광범위한 사회복지제도의 하나다. 채무를 탕감받거나 능력 안에서 일정 금액을 변제받는 것을 통해 새출발 기회를 얻는 것은 개인의 삶은 물론이고 사회의 복지와도 연결된다. 회생법원 2층은 늘 민원인들로 붐빈다. 계단 앞쪽 의자에 앉은 어느 노부부의 얘기가 들렸다. 부부싸움이라도 하는 듯한 그들의 이야기를 조금 들어보니 상황을 객관화시키는 3인칭 화법을 사용하고 있었다. 타박과 질책, 불평과 불만이 물 흐르듯 지나갔다.

"왜 그때 잘 넣던 적금을 깼어? 국민연금도 좀 많이 넣지. 무슨 생각이 그래요? 갑자기 사업한다는 친구에게 없는 돈을 빌려주질 않나. 내가 뭐랬어요? 그 사람, 사기꾼 같다고 했잖아요. 돈 되는 사업은 자기가 하면 되지, 군이 당신 같은 사람에게까지 돌아올 복이 있겠냐고요. 지금 우리 형편을 봐요. 모처럼 손주 새끼들 보면 용돈도 주고 맛있는 치킨도 사줘야 하는데, 할애비 할미란 사람들이 이렇게 법원 앞에 쪼그리고 앉아서…. 우리 형편에 파산인가 뭔가 받아줘도 이제 어떻게 먹고살아요? 얼른 대법정인가 뭔가로 갑시다. 후딱 일어나쇼."

잘 들어보면 할머니가 할아버지를 쏘아붙이는 모양새다. 말하는 할머니는 연신 부채질을 하고 있다. 할아버지는 눈을 마주치지 않은 채 복도를 오가는 사람들만 처다보았다. 느린 걸음으로 대법정 쪽으로 사라지는 노부부의 뒤로 작은 바람이 일었다. 그러니까 파산선고와 면책이 끝이 아닌 것이다. 회생법원 절차는 갱생의 기회를 줄 뿐이지 그 기회를 잡는 건 어쨌든 당사자 몫이다.

서울회생법원의 60대 이후 파산 신청자 비율을 보면, 2019년은 37.21%, 2020년은 39.11%, 2021년은 43.91%, 2022년은

48.08%다. 이 통계를 보면 60세 이상 채무자 비율은 매년 증가하고 있고, 직업을 잃었거나 노후 준비가 되어 있지 않은 노년 세대가 벼랑 끝으로 내몰리고 있다는 것을 알 수 있다.

2022년에는 50세 이상의 파산 신청 비율이 78.91%(50세 ~59세가 30.83%)로 파산 신청자의 대부분을 차지했다. 고령으로 갈수록, 직업이 없을수록 경제적 파탄은 고통스러운 현실이 된다. 이는 청년세대의 파산과는 다르게 바라봐야 한다. 50세 이상의 경제적 파탄 원인은 실직이나 근로소득 감소, 사업 실패나 사업소득 감소에 대부분 기인한다.

한계채무자도
위기 정보가 되어야 한다

회생·파산제도를 통해 새출발을 꿈꾸는 이들에게도 복지 사각지대는 여전히 문제가 된다. 신용불량자는 물론이고 파산으로 면책을 받으면 금융권으로부터 대출을 거부당할 수 있다. 결국 이들이 향하는 곳은 더 위험하고 더 낮은 곳이다.

채무자회생법 제32조의 불이익 금지조항에도 불구하고 다수의 개별 법령에는 파산을 취업이나 영업 결격사유로 정하고 있다. 곧 '경제적 신용의 전과'와 같은 낙인효과로 사회생활에서 불이익을 당하는 상황이 부지기수인 것이다. 각종 규제 때문에 먹고살 길이 막막한 이들에게 '왜 당신들 사정은 그래?'라고 묻는 경우도 허다하다. 상처받은 이들에 대한 배려가 아닌데도 그저 타인의 사정일 뿐이다.

결국 회생·파산제도를 이용한 한계채무자 정보는 위기 정보가 될 필요가 있다. 이를 기반으로 파산자에게 새로운 기회와 가족의 생계를 책임질 수 있도록 최소한의 여건을 마련해주어야 한다. 그리고 이는 복지(금융)정책이나 노동정책과 연계되어야 한다.

유명 호텔의 한 끼 식사값이 18만 원이라는 기사에 왈가왈부할 게 아니라 그 돈이면 일주일을 살아가는 어느 가족의 이야기에 관심을 갖는 게 더 바람직해 보인다. 막연히 자본주의적 연민을 말하는 게 아니다. 사회공동체에 소속된 사람으로서 그들과 함께 살아가야 할 이유를 떠올려야 한다는 의미다.

한국 사회가 생산적 사고에 들이는 시간보다 경제적 소비에 소모하는 시간이 많아질 때 사각지대는 늘어날 수밖에 없다. 사각지대에 둘러싸인 이들의 고통과 비명은 날로 커질 것이다. 법과 제도가 그 목적만 쫓고 가장 중요한 '사람'을 외면할 때 우리는 희망의 빛을 상실할 것이다. 그 빛에는 우리 미래가 포함되어 있다. 우리 사회가 더이상 무심한 법치 사회로 흘러가지 않기를 바란다.

학자금 대출의
패러독스

∎∎∎

"아프니까 청춘이다"라는 위로보다
희망을 주는 정책이 필요하다

"청춘靑春! 이는 듣기만 하여도 가슴이 설레는 말이다."

수필가 민태원의《청춘 예찬》첫 문장이다.

과거의 청춘 예찬은 청춘 자체를 찬미하고 미래에 대한 설
렘이 있었다. 그때는 실패조차 미학적으로 노래하던 시대였다.
지금은 어떤가? '청춘 예찬'이라는 말은 옛 수필에나 나오는 문
학적 수사 정도로 전락하지 않았을까! 지금은 미래에 대한 불
안이 청춘의 영혼을 갉아먹는 이른바 '청춘 불행'의 시대다.

요즘 청년세대는 3포세대에서 7포세대라 불리고 있다. 포
기해야 할 게 연애, 결혼, 출산 세 가지에서 인간관계, 내 집 마
련, 취업, 희망까지 일곱 가지로 늘어나 있다는 것이다. 코로나
히키코모리(은둔형 외톨이), 호모인턴스(인턴만 반복하는 취업준비

생)까지 더하면 청년세대의 오늘은 어둡기 짝이 없다.

대학 등록 기간이 되면 한바탕 소란이 인다. 너나 할 것 없이 한국장학재단 장학금이나 학자금 대출을 신청하기 때문이다. 장학금은 가구의 소득 구간에 따라 대상이나 지원 금액이 제한되기에 그 수혜자가 많지 않다. 학자금 대출은 학자금 지원 8구간 이하 대상자에게 등록금과 생활비를 1.7%의 저리로 빌려준다. 경제 사정이 어렵지만 학업을 이어가야 할 청년들에게는 좋은 제도임에 틀림없다.

학자금 대출 대부분은 취업 후 상환하는 대출이다. 문제는 취업난으로 상환이 마뜩잖다는 거다. 대학 졸업 후 학자금 대출 채무자는 2022년 기준 100만 명에 이른다. 3개월 이상 연체자도 5만 5000명 정도다(한국에서 신용불량자란 금융기관에서 3개월 이상 채무를 연체해 한국신용정보원에 그 정보가 등록된 경우이고, 학자금 대출 연체의 경우는 통상 6개월 이상을 말한다).

미국에서도 논쟁 중인
학자금 대출 상환 문제

미국 영화나 드라마를 보면 학자금 대출을 평생 갚아나가는 장면이 많이 보인다. 길게는 20년 이상 장기로 상환하는 이들도 흔하다. 부모 도움 없이 등록금은 대출로 내고 생활비는 스스로 벌어 충당하는 독특한 문화가 있는 것이다.

미국의 대학 학자금 대출 잔액은 1조 7500억 달러로, 이 가운데 1조 6000억 달러가 연방 정부의 대출 프로그램에서 실행되었다. 학자금 채무자는 약 4300만 명에 달한다. 미국 역시 대학 졸업자들의 대출금 상환이 사회문제가 되고 있다. 바이든 정부는 수백만 명의 학자금 대출을 탕감하는 정책을 추진했다. 미국에서는 학자금 대출채권에 대해서는 개인파산이나 개인회생으로 모두 면책되지 않기 때문이다.

대학 학자금 대출 탕감은 바이든 정부의 대선 공약이었다. 이에 바이든 정부는 2022년 연방정부의 장학금 '펠 그랜트Pell Grant' 대출금에 대해서는 2만 달러까지 채무를 면제한다는 정책을 발표한 바 있다. 그러나 이 탕감정책은 사회경제적 이유로 내부 반발이 심했다. 성실한 상환자와의 형평성과 도덕적 해이 논란이 일었고, 소비 촉진과 인플레이션 가능성에 대한 우려로 정치적 갈등도 빚었다.

2023년 2월 미국 연방대법원은 이에 대해 의회의 명시적 승인이 전제되어야 한다는 부정적 견해를 내놓아 바이든 정부의 탕감정책에 제동을 걸었다. 보수 성향의 대법관들이 주축인 미국 연방대법원은 그해 6월 '행정부의 월권'이라는 이유로 탕감정책은 무효라고 판결했다.

미국 정부는 대통령 선거를 앞두고 또다시 연방·지방정부

공무원이나 교사 등을 상대로 새롭게 학자금 대출을 탕감해주고 있지만, 미국 사회에서는 여전히 그 정당성 여부에 대해 논쟁 중이다.

학자금 대출로 파산 위험에 내몰린 청년들

대출받은 학자금을 갚지 못하는 것은 비단 미국만의 일이 아니다. 한국도 학자금 대출을 상환하지 못해 신용불량자가 된 이들이 1만 명에 이른다. 많은 청년이 취업 이후에도 대출금을 갚지 못하고 있는 것이다. 문제는 경제적 여력이 없는 청년이 제2, 제3 금융권이나 각종 대부업체에 손을 내밀면서 파산의 위험성까지 증가하고 있다는 것이다.

현재 학자금 대출 상환의 어려움을 돕는 제도로는 신용회복위원회의 신속채무조정 프로그램, 서울시 신용회복지원사업 그리고 회생법원의 회생·파산제도 등이 있다. 신용회복위원회의 신속채무조정은 신청 대상과 지원이 한정적이다. 곧 신청이 확정되더라도 금리 인하나 상환 기간 연장, 상환 유예 정도만 지원받을 수 있다. 서울시 사업은 지원 인원과 지원 금액이 적어 사업비가 소진되면 조기 종료된다. 이 대책들은 법적 구속력이 없어서 쌍방 합의가 없거나 별도의 분쟁이 발생하면 해결책이 되지 못한다는 한계를 지녔다.

회생법원을 통한 해결방법은 어떨까? 개인파산절차에서는 2022년 이전에는 학자금 대출채권이 비면책채권에 해당해 면책받을 수 없었다. 그 이유는 학자금 대출 재원의 유지를 위한 정책적 고려와 학자금 대출의 영속성 확보를 위해서였다. 하지만 2022년 1월부터는 법이 개정되어 '취업 후 학자금 상환' 부분이 삭제되면서 이제는 면책받을 수 있게 되었다. 따라서 개인파산제도를 이용하면 채무자인 청년이 학자금 대출의 상환 책임으로부터 벗어나 경제적 자립과 갱생의 기회를 얻을 수 있다.

개인회생절차에서도 학자금 대출을 면책받을 수 있지만, 변제 기간 3년간 가용소득(소득에서 생계비를 제외한 금액) 전부를 변제에 사용해야 한다는 한계가 있다. 문제는 가용소득 전부가 대출 상환에 사용되면 결혼이나 출산 등 미래 계획을 세우는 데 큰 장애 요소가 된다는 것이다. 따라서 개인회생절차의 '특별면책제도'를 활용해 현실적으로 변제가 어려운 사례에 대해서는 적극적 면책을 할 필요가 있다.

회생법원 뉴스타트 상담센터의 어느 상담관의 얘기다.

"20대로 보이는 직장인이 상담실에 많이 옵니다. 사업을 하다 경제적 상황이 어려워진 경우도 있지만, 대부분 학자금 대출 때문에 와요. 결국 카드 대출이나 대부업체에까지 손을 내밀다 보니 너무 힘들어져 방법을 찾아보고자 오는 거죠. 저도 20대

두 아이를 키우다 보니 젊은 분들을 보면 상당히 안타깝습니다. 그분들에게 회생·파산절차를 얘기해줘도 해결까지 시간이 많이 걸리고, 또 사회적 낙인이 찍히지 않을까 두려워하더라고요. 좀더 적극적인 대책이 필요해 보여요. 제가 해줄 수 있는 게 없어서 답답했습니다.”

학자금 대출로 인해 고통받는 청년이 늘어난다는 것은 이 시대의 역설이다. 일방적으로 젊은 세대에게 그 책임을 전가하는 것은 어불성설이다. 고성장 시대를 살아온 기성세대가 여러 반사적 이익을 얻은 반면, 정치·경제적 불황과 저성장 시대를 살아가는 오늘의 청년세대는 상대적으로 불이익을 당하고 있기 때문이다.

청년세대를 위한 보다 적극적인
면책(탕감) 가능성은 없을까?

학자금 대출 문제는 입체적이고 복합적인 대책이 필요하다. 좋은 의도로 시작한 제도나 정책이 반드시 바람직한 결과로 이어지는 것은 아니다. 따라서 특정 정책을 입안할 때 좀더 섬세하게 접근해 행여 부정적 결과가 도출되지는 않을지 예상해보는 것이 바람직하다. 또 현행법의 한계를 명확히 인식한다면, 청년세대를 위해 조금 더 전향적인 대책이 필요하다. 미국의 바이든 정부가 내부 비판을 무릅쓰고 학자금 대출 탕감을 주장한 이유도 여기에 있다. 한국 정부 또한 청년세대의 앞날을 위해 학자금 대출 탕감이나 면책을 포함한 입법, 제도, 정책을 적극 고민해야 한다. 청년세대가 아프지 않아야 궁극적으로 사회의 미래가 밝아진다.

> 청춘은 인생의 황금시대다. 우리는 이 황금시대의 가치를 충분히 발휘하기 위하여, 이 황금시대를 영원히 붙잡아두기 위하여, 힘차게 노래하며 힘차게 약동하자!

《청춘 예찬》의 마지막 문단이다. 청년세대에게 그들만의 황금시대를 누릴 수 있게 해야 한다. 그들이 자신의 존재가치를 증명하고 개인과 사회의 성장을 위해 충분히 역량을 발휘할 수 있도록 정부는 지원을 아끼지 않아야 한다. 기성세대는 그들의 열정이 빚어내는 관현악과 교향악을 들어주고, 그들이 품은 이상과 가치를 응원해야 한다. 입법과 정책을 통해 청년세대의 파산 가능성을 낮추는 것은 그 방법 중 하나일 것이다.

더불어 청년세대에게 패자부활의 기회를 주어야 한다. 한두 번의 시행착오나 실패가 인생을 좌우한다면 무척 슬플 것이다. 과도한 경쟁이 가득한 한국 사회에 온정과 배려가 필요한 까닭이다. 이는 모두에게 주어진 숙제다.

우리 시대의
슬픈 자화상

■ ■ ■

전세 사기 사태에서
얻을 수 있는 교훈들

전세 사기가 사회적 재난이 되었다. 피해자들 집 현관에 붙어 있는 "당신들에게는 기회겠지만, 우리들에게는 삶의 꿈" "너희들은 재산 증식, 우리는 보금자리"라는 문장은 안타까운 조사弔詞가 되고 말았다.

인천 미추홀구 전세 사기 피해자들의 잇단 사망 소식은 시민의 가슴을 멍들게 했다. 바로 우리 이웃 이야기이고 내 가족의 사연이기 때문이다. 그들을 위한 조종弔鐘은 미리 막을 수 있었다는 깊은 자책과 후회를 남긴다. 왜 이토록 가슴 아픈 사연과 사건이 반복되는 걸까?

집이 살아가는 보금자리가 아닌 투기를 통한 자산 증식의 수단이 되어버린 대한민국. 우리는 몇 평짜리 아파트가 가진 허세를 부와 성공의 상징으로 삼고 있다. 이 때문에 부동산을 둘러싼 각종 제도의 허점과 정부의 방치라는 빈틈은 범죄자들에게 충분한 고의를 제공했다. 대부분의 선량한 시민이 소망하는 단란한 가정의 꿈은 이들 앞에서 사그라졌다.

전세는 한국만의 특별한 제도다. 내 집 마련이 희망인 소시민에게 적정 금액으로 일정 기간 안정된 주거를 제공하는 제도로서 법적으로는 여러 장단점을 갖고 있다. 깡통 전세와 전세 사기는 전세제도가 가진 단점을 극대화한 것이다. 시민의 생활과 밀접한 제도의 문제는 국회와 정부가 입법과 정책으로 개선해야 하지만, 국회와 정부는 그 고민을 하고 있을까?

법과 제도는 치밀하고 합리적으로 만들어져야 한다. 어설프게 설계된 제도는 그 제도의 허점을 이용한 악의 때문에 시민의 삶을 고통으로 밀어넣을 수 있다. 사회적 약자들에게만 희생을 강요하는 약육강식의 논리는 우리 사회를 정글로 만들었다. 강자독식의 본능은 민주주의의 가치와 연대의식을 희석시켰다. 이에 더해 사후대책만 남발하다 시간이 지나면 잊어버리는 사회적 DNA가 우리를 아프게 한다. 한국의 슬픈 자화상이다.

전세 사기나 깡통 전세 문제는 사회 초년생이나 신혼부부, 경제력이나 정보력이 약한 저소득층에게 집중되었다. 막상 사건이 발생하면 이들은 심리적·경제적 타격과 함께 삶의 희망을 잃는다.

최근 발생한
전세 사기의 두 유형

전세 사기에는 두 유형이 있다. 첫째 유형은 동일한 부동산에 대한 중복계약이다. 공인중개사와 임대인이 공모해 중복계약을 하면 개인이 피할 수 없다. 전형적인 악의에 따른 사기다. 둘째 유형은 임대차보증금이 집값을 상회하는 깡통 전세다. 부동산을 임대한 뒤 변제 능력이 없는 이에게 매도한 것인데, 이번 '빌라왕' 사건이 대표적이다. 여기에는 시세보다 비싼 전세 계약으로 큰돈 들이지 않는 갭투자의 유혹이 개입되었다.

두 유형은 집값 폭등에 따라 빨리 내 집을 마련해야 한다는 조급함이라는 먹이를 먹고 성장했다. 전세 사기 사건에서는 무엇이 가장 문제였을까? 아마도 오락가락하는 정부의 대응과 예방을 위한 정책적 혜안의 부족일 것이다. 민생을 위한 정부의 정책은 수사기관처럼 사건이 발생한 다음 움직여서는 안 된다. 그런데도 늘 뒷북 행정의 전형을 보여주고 있다.

사건을 해결하려면 피해자들의 주거 안정과 임대차보증금 반환이 우선되어야 한다. 아울러 임대인의 각종 정보제공 의무와 관련 업계 종사자들의 도덕성을 강화해야 한다. 곧 대책과 예방책, 구제책이 동시에 모색되어야 하는 것이다. 혹여 시민에게 책임을 전가해서는 안 된다.

신속하게 피해자를 구제하려면
어떻게 해야 할까?

첫째는 경매 절차 내에서 구제하는 방안이 있다. 경매 대상 부동산인 경우 최우선변제권의 인정 범위를 확대해야 한다. 현행 임대차보호법에 따르면, 서울시 기준 보증금이 1억 6500만 원 이하일 경우 5500만 원만 최우선으로 변제받는다. 동법 시행령의 보증금 기준과 최우선변제금액을 부동산 시세에 맞게 현실화한다면 혜택을 입는 피해자가 늘어날 것이다. 또 경매 절차에서 체납 세금보다 전세 사기 피해자의 임차보증금을 우선해 변제받을 수 있게 해야 한다. 국세기본법은 이미 개정되어 현재 시행 중이다. 지방세기본법 또한 동시에 개정되어야 했지만, 이번 사건을 계기로 개정 작업 중이라고 한다.

둘째는 사기 사건의 대상물인 부동산에 대해 경매를 중단(중지)하는 것이다. 문제는 현행법상 이 요구는 한계가 분명하다는 점이다. 채권자의 권리를 유보하거나 포기를 종용할 수밖에 없어 민사법이 추구하는 사석자치의 원칙에 위배되어서다. 특히 금융권에 경매 포기(연기)를 일방적으로 요구할 경우 은행 내 자금 경색이나 업무상 배임이라는 법적 책임까지 발생할 수 있다. 따라서 이는 근본적 해결책이 아닌 미봉책에 불과할 수도 있겠다.

셋째는 금융기관의 채권이나 체납 세금에 대해 국가가 공적자금으로 대위 변제하고 채권을 양수하는 방법이다. 국가가 채권자 지위에서 경매 절차를 통해 피해자들에게 전세금을 지급하거나 직접 매수하는 것도 바람직한 방안이다. 이는 정부의 결단과 가용 예산이 있다면 가장 현실적인 대안이 될 수 있다. 다만, 공적자금 투입이 다른 분야의 범죄 피해자들과의 형평성 문제를 불러일으킬 수 있다.

넷째는 일반적인 경매절차가 아닌 별도의 환가절차를 통해 이를 매각해 피해자를 구제하는 방안이다. 예를 들어 전세 사기 관련 부동산 일체로 파산재단으로 만들어 피해자에게 우선 매각하거나 현금화 절차를 통해 임차보증금을 반환하는 것이다. 이는 법원 내부의 이론적 정리와 법적 근거가 필요한 문제이긴 하지만, 신속하게 상황을 해결할 수 있다는 장점은 있다.

전세 사기 사태를
미리 예방하려면?

그렇다면 전세 사기 사태를 미리 예방하려면 어떻게 해야 할까? 첫째, 공적장부인 등기사항증명서에 소유권과 제한물권 이외에 확정일자와 각종 공적 정보를 확대 기록하는 것이다. 현행법상 확정일자는 이해관계인이 아니면 열람하기 어렵다. 확정일자가 등기사항증명서에 기재되면 부동산 정보의 공시효과에 크게 기여할 것이다. 특히 동일 부동산으로 다수의 임차권자와 계약해 계약금을 탈취하고자 하는 중복계약 사기를 막을 수 있다. 또 부동산 관련 정보와 소유자의 체납 정보를 통합해 운영하는 방안도 있다. 별도로 등기사항증명서나 공적장부에 기재되지 않을지라도 임차인의 요구에 의해 연계정보가 공개될 수 있도록 제도와 시스템을 개선하는 것이다. 물론 이를 위해서는 법원과 국토교통부, 행정안전부, 국세청 등 국가기관들의 긴밀한 협조와 제도 개선이 필요할 것이다.

둘째, 전세 계약을 할 때 소유자의 세금완납증명서 또는 체납증명서 첨부를 제도화하는 방안이다. 이를 실현하려면 민법과 공인중개사법의 법령을 먼저 개정해야 한다. 또 임대차계약 이후 소유자가 바뀔 때 임차인의 동의를 받게 하는 방법도 있다. 이를 위반하면 전 소유자와 현 소유자가 임대차보증금을 연대해 반환하도록 해야 한다. 이 또한 민법과 관련 법령의 근거가 필요하다.

셋째, 공인중개사를 통해 전세 계약을 할 때 임대인의 각종 정보를 투명하게 볼 수 있는 법적 근거를 마련하는 방안이다. 특히 국세나 지방세 체납 정보와 주택도시보증공사HUG의 사고 이력, 보증보험 금지 여부, 악성 임대인 여부 등을 임대인의 동의를 전제로 해당 사건에 한해 공개하는 것을 의무화하는 것이다. 이를 위해서는 역시 공인중개사법 등 관련 법령의 개정이 필요하다.

넷째, 공인중개사의 법적 의무와 도덕적 책임을 강화하는 것이다. 현행 공인중개사법에서도 공인중개사의 책임과 의무 관련 규정이 다수 존재하지만, 전세 사기 사건에서처럼 범행을 주도하거나 공범이 되는 상황을 막기에는 역부족이다. 공인중개사의 전문성을 인정하면서도 책임과 도덕성을 높일 수 있는 특단의 대책이 필요하다. 현행법의 관리 감독과 벌칙 규정이 유명무실하지는 않은지 면밀히 살펴볼 일이다.

다섯째, 임대차보증금이 전세 물건 시세의 일정 수준 이상일 경우 위험성을 경고해주는 공적 시스템을 마련하는 것이다. 또 주택도시보증공사의 보증보험 활용을 의무화하는 방안도 고려해볼 만하다.

법과 제도 그리고 국가기관의
통합 운영이 필요한 이유

이번 전세 사기 사건에서 피해자들에게는 아무런 잘못이 없다. 그리고 그 책임은 가해자만이 아니라 국가와 법제도에도 물어야 한다. 제대로 된 시스템이 존재했다면 이런 불행한 상황은 발생하지 않았을 것이다. 국가기관 간, 여러 제도 간, 각 직역 간 편협함과 이기주의 때문에 가해자와 피해자가 생겨난 것이다. 제도적 미비점에 대해 정확히 판단하고 제도를 통합해 운영하는 것은 신속한 대응이 필요한 위기 국가의 숙명일 것이다. 이는 적자생존適者生存이 아닌 공존공생共存共生을 위한 문제다.

당장 급한 것은 피해자(희생자) 구제다. 피해자의 심리적 불안을 달래고, 주거 안정을 가져오지 못하면 불행의 도미노는 계속될 것이다.

전세 사기 피해자나 가해자 일부는 회생·파산을 위해 분명 회생법원을 찾을 것이다. 행여 가해자(법인 포함)나 그 상속인이 회생·파산을 신청한다면 그 의도에 악의는 없는지 철저히 살펴야 한다. 아울러 왜 우리는 늘 소 잃고 외양간만 고치는 정책만 펴는지, 왜 수많은 인재가 그들의 능력을 시민을 위해 쓰지 못하는지, 정권이 바뀌고 정치지형이 변해도 시민의 삶은 왜 더 불행해지는지 우리 시대 슬픈 자화상을 놓고 스스로 묻고 또 물어야 할 것이다.

법은 인간의 얼굴을
닮지 않았다

■ ■ ■ ■

사람의 얼굴과 가슴을 닮은 법이
현실이 되는 세상을 바라며

저녁 시간 고등학교 2학년인 셋째가 물었다.

"아빠, 왜 법은 빨리 바뀌지 않는 거야? 오늘 수업시간에 구하라법에 대한 이야기가 나왔는데, 이게 몇 년째 개정이 안 된다는데?"

"입법절차가 생각보다 복잡하기는 한데, 그 문제는 입법 과정의 문제라기보다 거기에 다른 정치공학적 차원이 더해져서 그런 걸 거야."

"그래도 사회적 관심이 많은 법률인데 너무 늦어지는 거 아냐? 최근 뉴스에도 비정한 부모 얘기가 나오고. 선생님 말씀이 이미 국회에 법안이 여러 번 제출되어 있다던데? 국회의원들이 일을 안 하고 있는 건가?"

"그럴지도 모르지. 구하라법 같은 경우는 이해당사자 대립이 없는 규정인데도 개정 과정이 지지부진한 걸 보면 무슨 사연이 있는 게 아닐까?"

"그런데 아들은 구하라법에 대해 어떻게 생각해? 양육하지 않은 부모에게 상속인 자격이 없다는 주장 말야."

"너무 당연한 것 아닌가. 아이를 키우는 건 모든 부모의 의무인데, 그걸 하지 않은 부모가 자녀 재산을 상속받는 건 상식에 반하는 거잖아. 아빠, 그런데 저녁밥은?"

상식에 반하는 법률, 무엇이 문제일까?

법은 그 사회의 수준을 평가하는 척도 중 하나다. 법에는 그 사회를 살아온 사람들의 경험, 지혜, 성찰이 축적되어 있기 때문이다. 나아가 법학은 인간과 세상을 다루는 정치, 경제, 철학, 문학, 역사, 심리 등이 응축된 종합 학문이기도 하다.

법은 시민의 교양으로 사회공동체의 것이어야 한다. 하지만 현실은 소수 입법자와 법률가의 것인 양 포장되어 있다. 또 입법절차는 국회의원이나 법률가의 전유물이 되어 일반 시민의 상식과 멀리 떨어져 있다. 바꿔 말하면 한국 사회에서 법은 입법자와 법률가의 직업적 전문성을 위한 수단으로 변모해 있다.

《군주론》으로 유명한 마키아벨리는 이상적이고 전능한 입법자를 상정한다. 그 사회를 만든 1인의 입법자가 사회를 장악해야 하고, 국가 전체 조직이 입법자의 지혜와 통찰로부터 생겨난다고 말한다. 다소 철학적이지만 의회주의를 무시한 위험한 시각이 아닐 수 없다.

마키아벨리적 시각에 따르면, 입법자의 잘못된 의도가 개입하면 얼마든지 시민을 통제하고 억압하는 법률이 만들어질 수 있다. 이를테면 조지 오웰의 '1984'적 전체주의 정부가 출현하는 것도 가능하다. 소수 입법자에 의한 일방적인 입법 행위는 일반 시민의 바람과 동떨어질 가능성이 크다. 특히 한국처럼 입법부가 행정부에 대한 견제 기능이 약한 사회일수록 국회가 제역할을 못하면 그 위험성은 더 커진다.

모름지기 법은 공동체가 지녀야 할 중요한 가치와 합의를 담아야 하고, 사회의 희망을 품어야 한다. 하지만 당장 눈앞 작은 문제마저도 해결하지 못하는 국회, 거기에서 파생된 각종 제도와 정책은 법이 가져야 할 본질을 깎아내리고 있다.

또 법과 그 현상에 대한 판단과 해석은 다양한 논쟁의 영역이지만, 한국 사회는 그 일을 소수 엘리트 법률가의 독점 영역으로 착각하고 있는 듯하다. 그런 이유로 시민의 상식과 눈높이에 부합하는 법률 개정은 표류하거나 지연될 수밖에 없다.

'구하라법'은 왜
빨리 개정되지 않을까?

"양육하지 않은 부모는 상속인 자격이 없다."

일명 '구하라법'에 대한 논의가 시작된 지 3년이 되었지만, 개정 법률안은 국회에서 잠자고 있다. 이 법안은 사회적 분노와 정의감의 발로다. 자녀를 양육할 의무를 저버린 부모는 상속받을 수 없도록 하자는 취지다. 상속제도는 가족 간의 연대와 보호 의무를 전제로 존재하기 때문이다.

구하라 씨 사망 이후 상속 과정에서 친모의 상속분 청구에 대해 공분이 일었다. 아이들을 버리고 떠난 친모가 20년이 지난 뒤 나타나 자신이 상속인임을 주장하면 현행 민법상 이를 막을 방도가 없다. 민법 제1000조에서는 상속 순위에 대해 무색투명하게 '피상속인의 직계존속'이라고만 되어 있기 때문이다.

또 상속 결격사유(민법 제1004조)에는 "선순위나 동순위의 상속인을 살해나 상해치사한 자" 등으로만 규정되어 있어 자녀의 보호나 부양 의무를 외면한 부모의 상속을 막을 길이 없다. 설사 망인이 민법 제1012조에 따라 상속 배제 또는 제한에 관한 유언을 남겼을지라도 친모의 상속권을 완전히 박탈할 수는 없다. 친모는 유류분(민법 제1112조) 청구로 최소한 상속 재산의 6분의 1(자신의 상속분 2분의 1×유류분 3분의 1)을 받을 수 있기 때문이다.

아무리 친모의 배신과 사후 상속에 대해 분노가 일더라도 현행법의 한계를 뛰어넘을 수는 없는 노릇이다. 이와 유사한 사례가 천안함 사건 때와 세월호 참사 때도 발생했다. 최근에는 아들의 사망보험금을 타기 위해 54년 만에 나타난 생모 사건도 보도되었다. 그렇다고 인륜을 저버린 인간의 물적 욕망에 대해 이해관계가 없는 타인이 무작정 돌을 던질 수는 없다. 어찌 되었든 상식 속의 분노는 법의 한계를 뛰어넘지 못한다.

문제는 다음부터다. 현행 민법의 상속(결격)에 관한 태도는 정당한가? 일반인의 상식과 법감정에 따르면, 이 사건과 이 사건을 둘러싼 민법 규정은 용납하기 힘들다. 쉽게 말해 인륜을 저버린 친모에게 한 푼도 주어서는 안 되는 상황인 것이다. 망인의 (추정된) 반대에도 친모가 유류분을 청구해 일정한 상속 지분을 가져갈 수 있도록 하는 현행 민법을 정의롭다고 할 수 있을까? 한 가지 분명한 것은 민법의 상속 규정은 상식을 대변하지 못하고 있다는 것이다. 이처럼 민법 상속 규정의 문제를 알고도 개정하지 못하는 것은 단지 게으름 탓인 걸까?

인간이 만든 법에 흠결이 없을 수는 없다. 당연한 일이지만 그 부족함을 보완하고 억울한 이가 없게 하는 것도 입법자의 일이다. 몇 번의 사례가 축적되어 분노가 상식이 되었을 때 법은 그에 맞게끔 개정되었어야 마땅했다. 하지만 현실은 힘없는 개인의 고통과 슬픔 정도는 지나가면 그만인 것으로 취급한다.

분노로 촉발된 개정 시도는 영문을 알 수 없는 법 개정의 어려움이나 그런 입법례가 없다는 이유로 무위로 끝나거나 탁상공론에 그쳤다. 이는 국민의 주권을 위임받은 입법자가 자기 권한과 책임을 내려놓는 것이다. 비단 구하라법만 그렇지는 않을 것이다. 민생법안이 정쟁법안이 될 때 국민의 삶은 늘 위태로운 경계선에 서 있을 수밖에 없다.

사람의 얼굴과 가슴을 닮은
법과 제도가 필요한 시대

사람의 얼굴과 가슴을 닮은 법이 있을까? 규범적으로는 헌법과 민사(특별)법이 그 범주에 해당한다. 우리 헌법은 제2장에서 인간과 국민의 권리에 관한 규정을 두고 있어 형식적으로는 인간의 얼굴을 닮아 있다. 그 규정들이 현실 속에서 어떻게 실현되고 적용되는지는 개개인들만 알 것이다.

민사(특별)법 중에서는 사회적 약자에 관한 사회복지나 근로 등에 관한 법률, 채무자회생법 등이 인간의 가슴을 대변한다고 말할 수 있겠다. 역시 사회적 약자의 일상에 실질적으로 도움이 되는지는 그들만 알 일이다. 만약 이런 인식과 바람이 배반당한다면 어떤 경우일까?

정치는 국리민복國利民福을 위해 존재해야 한다. 당연하게도 법과 제도는 정치의 도구여야 하고, 국민의 안전과 복지를 위해 제기능을 다해야 한다. 하지만 현실은 법과 제도 아래에 국민이 놓여 있고, 그 사이에 '권한'을 '권력'으로 착각하는 정치인과 관료사회가 존재하고 있다.

"살아가면서 가장 억울한 일은 상식이 나를 배신하고 법이 나를 외면할 때다"라는 말이 있다. 이때의 상식은 누구나 인정하는 합리석 기준을 가진 사회 상규여야 하고, 이때의 법은 이상적 입법자가 이성적이고 객관적 시각으로 만든 법률을 말한다. 우리에게 적용되고 있는 상식이 대다수가 납득할 정도의 진정성을 가졌는지, 법이 이해관계에 사로잡히지 않고 섬세하게 억울한 이의 입장을 들어주는지, 법 적용과 판단이 편견 없는 중립적인 입장에서 집행되는지 살펴보면 깊은 회의가 든다.

오늘날 한국식 의회민주주의와 법치주의는 법과 제도의 효용 가치를 높이기 위해 인간의 도덕 규범과 행동이 존재하는 것처럼 변질되어 있다. 상식에 반하는 법과 제도가 정파적 이익이나 불필요한 논쟁에 이끌려 계속 존치되는 것은 변형된 의회민주주의와 법치사회의 상징이다.

민법 조문 하나 바꾸는 데 오랜 시간이 걸리는 것 또한 그 선상에 있다. 적어도 사람은 민법보다 먼저 존재해야 하는데도 우리는 민법을 개정하는 이들의 고상한 관념보다 한참 뒤처진

비천한 존재로 남아 있다. 불행하게도 민법개정위원회와 국회의 입법 과정은 일반 시민의 상식 위에 놓인 선민주의選民主義의 세계에 놓여 있다.

"지연된 정의, 보류된 정의는 정의가 아니다"라는 명제는 늘 타당하다. 법과 제도는 신속하고 정확하게 균형을 가지고 적극적으로 시민의 현실에 개입해야 한다. 이를 방치할 때, 적절한 타이밍을 놓칠 때, 강자 편에 서서 약자를 외면할 때 정의는 왜곡되며 불의로 귀결된다.

우리는 이런 질문을 던져야 한다.

법은 인간 사회에서 어떤 존재 이유를 갖는가? 사람을 위해 만들어졌는가? 법은 사람의 얼굴을 닮고 사람의 가슴을 가졌는가? 최소한 사람을 닮으려 노력하고 있는가?

노자의 《도덕경》 제73장 "임위任爲" 편에 이런 문구가 있다.

"천망회회 소이불실天網恢恢 疏而不失"

이 문장은 "하늘의 그물은 크고도 넓어 엉성해 보이지만, 무엇 하나 놓치는 법이 없다"라는 뜻이다. 법이 사람의 얼굴과 가슴을 닮지 못한다면 그 법은 엉성하기 짝이 없는 그물이 될 것이다. 세상만이 아니라 법마저 엉성해서 놓치는 게 많다면 우리는 무엇에 의존할 것인가?

한국 사회가, 현행법이 무엇 하나 놓치지 않는 섬세한 얼굴과 따뜻한 가슴을 가졌으면 한다. 국민으로부터 주권을 위임받은 입법자들, 법령 제정과 개정을 담당하는 법무부와 전문가 집단의 진심 어린 고뇌와 성찰을 촉구한다.

'F코드'라는 난관
넘어서기

■ ■ ■

회생법원의 또다른 모습

"CDEFGABC"는 무슨 의미의 암호일까? 외계 언어일까?

피아노와 기타를 연주해본 사람은 알겠지만, 도레미파솔라시도의 음계 알파벳이다. 이 기본 음계를 알아야 온음과 반음을 이해할 수 있다. 온음은 피아노 건반에서 검은 건반 양쪽의 흰 건반을 말한다. 반음은 검은 건반이 없는 흰건반 사이를 말한다. 미파와 시도 사이가 반음 관계이고 나머지는 온음 관계다.

피아노와 기타의 최고의 효용 가치는 리듬과 화음에 있다. 각 곡에 맞는 정확한 음과 그 음을 보완해주는 화음을 통해 명곡이 나오는 법이다. 정확하고 듣기 좋은 소리는 기본 음계만이 아니라 별도의 코드 음계 조합이 필요하다. 기타에서 하이코드가 필요한 까닭이다.

기타를 배울 때 최고 난관은 단연 F코드다. 이 코드는 하이코드의 첫 관문이면서 가장 어렵다. 따라서 수많은 초심자가 F코드에서 포기한다. F코드는 바레코드(바코드Bar Cord)의 시작으로 하이코드의 서막을 알린다. F코드가 완벽하게 잡혀 울림 좋은 소리가 날 때의 기쁨은 이루 말할 수 없다. 영화 〈쎄시봉〉에서도 통영 촌놈 오근태가 예쁜 여자친구 덕에 갑자기 F코드를 잡는 에피소드가 나온다. 기타 연주의 신세계가 열린 것 같은 환한 웃음을 기억한다.

바레코드는 기타 등 프렛이 있는 현악기에서 손가락 하나로 여섯 줄 모두 누르면서 다른 손가락으로 여러 음을 짚는 것을 말한다. 검지손가락으로 기타 6줄을 완벽하게 눌러야 음이 아름다운 소리를 낸다.

유명한 기타 연주자들도 F코드 운지의 어려움을 호소하면서 약식으로 잡는 이가 많다. 수많은 사람이 포기하는 코드지만 역시 온전한 바레코드에서 정확히 원하는 화음이 나온다. 가만히 들어보면 F코드의 화음은 복합적이면서 울림이 아름답다. 특히 포크송에서 자주 사용되다 보니 이 코드를 잡지 못하면 멜로디가 좋은 곡을 연주할 수 없다.

F코드(혹은 Bm코드까지)를 넘어서면 다른 하이코드로 진입하는 게 수월하다. 더 나아가 마이너코드나 샾코드까지 쉽게 잡을 수 있다. 코드는 화음을 전제로 하다 보니 규칙적이고 정교

하다. 코드와 화음은 수학과 과학의 영역이다. 다만 하이코드를 잘 연주하려면 손목과 손가락 힘을 기르고 어깨 힘을 빼야 한다. 운동이나 악기나 인간사가 일맥상통한 부분이 있다. 악기의 화음과 세상사의 화음은 묘하게 닮아 있다. 모두 'F코드'라는 난관을 넘어서야만 한다.

회생·파산제도의
'F코드'는 무엇일까?

고도로 발전하고 있는 자본주의 사회에서 회생·파산제도는 사회경제적 F코드다. 사회가 더 안정화되고 진보하는 데 꼭 필요한 요소이기 때문이다. 따라서 자본주의 시스템을 가진 나라 대부분은 어떤 형태로든 회생·파산제도를 운용한다. 최근 들어 사회주의 시스템을 가진 중국이나 베트남에서조차 회생·파산제도를 활발히 운영하려는 움직임을 보이고 있다.

한국에서 회생·파산제도는 가장 진보적인 법제도 중 하나다. 아마도 사회경제적 위기가 일상화되면서 경제적 약자를 구제할 필요성이 갈수록 강조되고 있고, 이에 따라 더 섬세한 제도 운용이 요구되고 있어서일 것이다. 이는 한국 자본주의 생태계에서 약자가 생존하기 힘들다는 의미이기도 하다. 그렇지만 회생·파산제도는 제도가 가진 일방성과 양면성 때문에 다양한 비판을 받고 있다. 회생·파산제도가 더 바람직한 제도로 도약하기 위한 'F코드'는 무엇일까?

첫째, 회생·파산제도 자체의 F코드는 절차 간소화와 신속한 진행이다. 이를 위해서는 회생·파산제도를 운용하는 내·외부 전문가를 양성하고 거점 지역별 회생법원을 확충해야 한다. 일본은 사법시험에 회생·파산 관련 시험 과목이 존재하고, 미국은 도산 실무 전문가가 4만여 명이 넘는다고 한다. 한국은 판사와 회생위원 같은 직원이 2~3년마다 순환근무를 하는 형태라 전문가 양성이 실질적으로 어려운 실정이다. 법률 전문가를 양성하는 로스쿨에서도 채무자회생법에 관한 강의나 교육은 거의 이뤄지지 않는 형편이다.

신청절차 간소화는 첨부서면 법정화와 관련 시스템 연계를 통한 서면 간소화로 해결할 수 있다. 채무자회생법상 각종 신청서에 첨부하는 서면을 100% 법정서면화하면 된다. 신청자나 대리인도 법정 첨부서면만 제출하면 심사단계에서의 불필요한 보정절차나 갈등을 줄일 수 있다. 관련 시스템 연계는 공적 전산망 연결이 필요하므로 이는 국가 차원의 정책 통합과 시스템 연결이 선행되어야 한다.

둘째, 회생·파산제도에 대한 사회적 인식의 F코드다. 한국에서는 아직까지 회생·파산제도에 대한 부정적 인식이 상당하다. 채무자의 경제적 실패를 하나의 낙인으로 바라보는 경향이

강한 까닭이다. 파산선고에 관한 각종 법령상의 불이익이나 실제적 불이익 때문에 면책 이후에도 채무자의 고통은 오랫동안 지속된다. 법령 등의 제도 개선 요구가 계속되고 있지만 아직까지 변화는 요원하다.

회생·파산제도의 선한 역할에 대한 사회적 인식 역시 하루빨리 개선되어야 한다. 승자독식 사회에서 경제적 약자에 대한 사회적 관용과 배려가 사회안전망을 공고히 하고 복지사회로 나아가게끔 한다는 인식이 확산되어야 한다. 채무자에 대한 일방적 시혜가 단지 채무자의 부채를 탕감하거나 도덕적 해이를 조장하는 데 있지 않고, 그들을 경제활동 참여자로 복귀시키는 데 있다는 것을 알려야 한다. 파산선고에 따른 법적 불이익이나 각종 규제를 대승적으로 개선해 더이상 파산면책 자체가 사회적 낙인이 되지 않도록 만들어야 한다.

셋째, 채무자를 둘러싼 사회경제적 환경의 F코드다. 2020년 이후 한국을 강타했던 가상화폐나 주식 투자, 내 집 마련을 위한 '영끌' 현상은 개인의 욕망으로만 해석할 수 없다. 자산 증식과 내 집을 마련하는 데 대한 욕망을 꿈틀거리게 한 금융권과 언론, 토건·건설 재벌의 부추김을 살펴야 한다.

2023년 말 기준으로 가계대출 잔액은 692조 원이다. 섣부른 내 집 마련에 대한 꿈은 누가 키운 걸까. 가상화폐나 주식 투자로 부자가 된 이들을 누가 치켜세웠는가. 대출을 실행한 은행은 비난받지 않고 대출받은 채무자만 비난받는 이유는 무엇일까. 수많은 금융상품과 대출 관행, 개인의 욕망은 결국 금융기관을 위한 큰 그림은 아니었을까. 한계채무자를 둘러싼 우리 사회 시장구조에 관한 이 모든 질문이 단순한 의심(의혹)에 불과한 걸까.

회생법원의 'F코드', 서울회생법원의 뒷모습

이 글을 쓰는 동안 회생법원 내의 여러 업무 담당자와 직간접적으로 다양한 이야기를 나누었다. 민원인들에게는 보이지 않는 회생법원의 뒷모습은 어떨까. 법원 구성원들은 어떤 생각을 가지고 있을까.

"여러분, 회생법원에 전입하는 순간 업무 마인드를 바꿔야 합니다. 중립적인 사법부가 아니라 경제나 복지를 담당하는 공무원의 마음을 가져야 해요. 회생·파산제도는 채무자에게 친근한 제도여서 일반 민·형사 재판과는 전혀 다릅니다. 일방적으로 수혜적 서비스를 제공하는 절차니까요. 마음이 불편하더라도 우리 역할이 채무자에게 갱생의 기회를 제공해 신속하게 경제활동으로 복귀할 수 있도록 하는 데 있다는 것을 잊지 않아야 합니다."

주로 회생법원 전입 행사에서 듣는 이야기다. 회생·파산절차는 쌍방 당사자가 존재하지 않기에 채무자를 위한 절차로만 구성된다. 그러다 보니 양쪽 당사자가 존재하는 업무를 하다 회생법원에 전입한 직원은 법원 분위기가 낯설 수밖에 없다. 그런 까닭에 업무의 특성과 주의를 환기하려고 환영사에서 강조하는 것이다.

"채무자 중에는 나쁜 사람도 있잖아요. 느닷없이 뒤통수 맞는 채권자를 생각하면 너무 쉽게 면책시켜서는 안 될 것 같은데요. 채권자들을 골탕 먹이는 사람들은 선별해서 혜택을 받지 못하게 해야 하지 않을까요? 회생·파산제도의 원래 취지가 정직하지만 불운한 채무자들에게 혜택을 주는 거잖아요."

"사건을 조사하다 보면 누가 봐도 명백하게 고의로 대출을 받아 파산받으려는 사건이 있어요. 어쩌면 이렇게 불량한 사람이 있을까 싶다가도 오죽하면 그럴까 하는 안타까움도 들어요. 서면에 기재된 그 행위로 신청인의 선악이나 진정성 여부를 단정하기는 쉽지 않아요."

"이런 사건도 있어요. 회생·파산 신청 직전에 제3자에게 재산을 빼돌리고 자기 재산을 최소화하는 경우요. 물론 나중에 파산관재인이나 관리인이 부인권을 행사할 수도 있지만요."

부인권은 파산절차가 개시되기 전에 파산 신청자인 채무자의 일정한 행위를 부정하고 이탈된 재산을 회복하기 위해 파산관재인이나 관리인에게 주어진 권리다. 실제 신청사건에서 부인권을 행사한 경우가 많다. 부인권은 일종의 채권자취소권으로 대부분 채무자에게 다시 돌려주라는 결정이 내려진다.

"서울회생법원이 파산면책을 빨리 해준다는 소문에 관할을 바꾸려고 편법을 쓴 흔적이 보이는 사건도 있죠. 주로 변호사나 법무사 사무원들의 집 주소나 사무소로 주소를 이전하거나 수도권에 거주하면서 서울로 출퇴근한다는 증거를 만드는 현실을 보면 채무자들 상황도 참 열악하구나 하는 생각이 듭니다. 그들에게는 시간이 중요하기 때문에 그런 탈법행위를 하는 거겠지만, 대리인들이 이를 권유하는 것은 문제가 있죠."

이때 재판부나 회생위원들은 채무자의 휴대전화 통화기록에 대한 보정명령을 내려 실질적으로 거주하거나 근무하는지 사실조회를 할 수 있다. 확인해보면 위장 전입이나 위장 취업을 한 사례가 꽤 나온다. 대리인의 이런 행위는 회생법원의 신뢰성 조사위원회에 회부될 수 있는데, 위원회는 수사기관에 고발하거나 징계처분을 내릴 수 있다.

법률 전문가인 변호사나 법무사가 사건에 직접 관여하지 않고 업무에 서툰 사무 직원이 사건 맡아 진행하다 채무자에게 피해를 주는 경우도 많다. 한계 상황에 처한 채무자들을 돈벌이 수단으로 이용하는 대리인들을 보면 한숨이 절로 나온다. 대리인이 밉다고 사건을 감정적으로 처리할 수도 없기에 회생법원 담당자들은 치밀어 오르는 화를 꾹 참고 사건을 마주해야 한다.

"가끔 채권자들에게서 이런 전화가 옵니다. 일반회생 신청 사건에서 어떻게 하면 채무자를 불편하게 할 수 있는지 물어요. 이때는 솔직히 말씀드리죠. 채권자 동의 없이는 일반회생절차가 진행되기 어려우니 편하실 대로 하라고요."

제도가 더 발전하려면 일반 민사조정절차처럼 회생·파산절차에서도 조정을 통해 채무자와 채권자가 합의하도록 해야 한다. 그렇게 된다면 일반 절차보다 훨씬 신속하게 서로 원하는 결과를 얻을 수 있지 않을까 싶다.

언론이 회생·파산제도와 사회경제적 상황에 다양한 관심을 보이긴 하지만, 대부분은 통계 수치나 결과론적 분석에 그친다. 이런 보도는 국민에게 위기 상황을 전파하는 긍정적 기능을 하기도 하지만, 한편으로는 채무자들에 대한 부정적 인식을 심화시킨다. 그보다는 언론사 심층 기획을 통해 제도의 문제점과 발전 방향을 살피고, 정책 연계를 통한 더 진화된 회생·파산제도는 무엇일지에 대한 화두를 던지는 게 어떨까. 채무자나 업무 담당자의 한두 마디보다 언론의 보도가 국회와 정부를 움직일 강력한 트리거가 될 수 있기 때문이다.

불편하지만 따뜻한 회생·파산 이야기

1판 1쇄 찍음 2024년 04월 05일
1판 1쇄 펴냄 2024년 04월 10일

지은이 배운기
펴낸이 천경호
종이 월드페이퍼
제작 (주)아트인
펴낸곳 루아크
출판등록 2015년 11월 10일 제2021-000135호
주소 10881 경기도 파주시 회동길 480, 아트팩토리 NJF B동 233호
전화 031.998.6872
팩스 031.5171.3557
이메일 ruachbook@hanmail.net

ISBN 979-11-88296-71-2 03300